职业本科教育中
现代学徒教育理论与实证

曾元源　伍自强　胡海祥　著

中国纺织出版社

图书在版编目（CIP）数据

职业本科教育中现代学徒教育理论与实证 / 曾元源，伍自强，胡海祥著．-- 北京：中国纺织出版社，2019.8（2022.8 重印）

ISBN 978-7-5180-5825-9

Ⅰ．①职… Ⅱ．①曾… ②伍… ③胡… Ⅲ．①高等职业教育—学徒—教育制度—研究—中国 Ⅳ．① G718.5

中国版本图书馆 CIP 数据核字 (2018) 第 285079 号

策划编辑：邢雅鑫　　责任设计：陈　魏
责任校对：王花妮　　责任印制：王艳丽

中国纺织出版社出版发行
地　址：北京市朝阳区百子湾东里 A407 号楼　邮政编码：100124
销售电话：010—67004461　传真：010—87155801
http://www.c-textilcp.com
E-mail:faxing@c-textilcp
官方微博 http://weibo.com/2119887771
佳兴达印刷（天津）有限公司印刷　各地新华书店经销
2019 年 8 月第 1 版　2022 年 8 月第 5 次印刷
开本：787 × 1092　1/16　印张：10
字数：194 千字　定价：56.00 元

序　言

自1980年以来，我国高等职业教育已经发展了三十多年。随着国民经济社会发展变化，职业教育方式也在不断变革。当前，现代学徒制已成为我国职业教育的重要抓手，并得到广泛认同。现代学徒制是政府引导、行业协会参与，依托校企深度合作，兼顾理论学习系统性和岗位实践育人的一种人才培养模式。本著作对现代学徒制的研究，主要内容包括以下五部分。

第一部分，在中国知网平台以关键词为“现代学徒制”进行检索，梳理文献数量和研究内容。发现以现代学徒制为核心，学者们对校企合作、职业教育、双元制、工学交替等研究的深度不断加大，历年文献数量呈上升趋势。同时，学术界加大了现代学徒制存在问题及解决方法的研究深度，更关注理论与实践方面针对性的解决措施。这些研究成果为推动我国职业教育体系建设做出了一定贡献。

第二部分，通过对四所院校的现代学徒制实施情况进行调研，采用鱼骨图法对问题进行分析，发现存在四类困境，主要包括顶层设计不到位；校企合作流于形式，有效制度不健全；企业参与热情度不高以及“学徒”学历、身份认可度较低等。针对这四类问题进行具体分析，寻找针对性解决方案，从出台法律保障制度、落地管理工作机制、寻找校企合作利益平衡、加强标准制度建设、落实职责清单等方面提出针对性的策略。

第三部分，探讨现代学徒制的深层内涵与必要性，分析现代学徒制实施存在的制约因素，包括顶层设计和法律法规制度不到位、国家职业资格认证与教学标准不匹配、人才市场过度自由制约培养主体积极性、职业教育体系缺陷导致升学路径狭窄等。对此，提出相应制度对策，涉及制订主体职责清单，理清政府、行业协会、企业、高校的主体职责；完善具体工作机制，明确多方主体协作、校企合作育人和赋予行业协会更多职权的运行机制；建立详细的标准体系，健全职业能力认证、关键能力培训、师傅资质认证、培训过程监管等标准体系。

第四部分，探讨现代学徒制教学过程的逻辑体系的六个内容，依次探讨现代学徒制教学过程设计的特征、要素、原则、方法、条件及评价等一系列问题，阐明当中的核心问题和关键要素，厘清教学过程涉及的逻辑关系。通过探讨现代学徒制教学的特征，理清了其教学过程的本征构造与具体内涵；探讨教学过程的运行要素，阐明了其教学过程应具备的必要条件和实施环境；探讨课程开发的基本原则，明确了教学过程的基本原理与设置依据；探讨课程开发的基本方法，论述了课程开发的步骤与细节；探讨教学开发的基本条件，明确了教学过程中课堂、团队、组织和机制的整体安排；探讨教学过程中的质量评价，提出了教学过程的评价准则、依据、方法和重点问题等。

第五部分，基于“现代学徒制”育人模式，对独立学院选矿专业的生产实训课程进行改革，积极探索实训内容与教学内容对接、学习岗位与生产岗位对接、教学过程与生产过程对接的方法，通过岗位素养分析、学习内容筛选、生产技能归纳、教学方案设计等 4 个环节开发现代学徒制模式下的学习型岗位，实现校方教师与企业师傅双元主体育人模式，理顺了教学过程涉及的主体逻辑关系。该模式应用于选矿 14 级学生在某大型铜矿山的生产实习中，取得了显著的效果。该生产实训教学改革的案例可为类似本科层次工科专业的实训课程改革提供借鉴。

第六部分，以矿物加工（选矿）专业“生产实训（二）”课程为例，建设必要的现代学徒制教学资源库。包括如下六部分：工业现场生产实训技术内容、工业现场实时可查询与拓展的内容、常用选矿技术网站、某大型铜矿山技术操作工艺标准、某大型铜矿山技术操作要点与维护规程、某大型铜矿山岗位职权要求规范。

研究结论既包括原因、分析、理论和对策，又有鲜明的实证研究。研究结果为我国现代学徒制的制度完善建言献策，提供理论思考。

本著作可为现代学徒制育人理论研究提供参考，亦可作为从事研究职业本科教育、校企合作理论、实习实训教学、应用型人才培养等的科研人员及相关院校的参考书。由于作者水平有限，书中内容难免有不足之处，欢迎读者批评指正。

作　者

2018 年 12 月

目　录

第一章　绪　论

1996年《中华人民共和国职业教育法》确定职业教育在我国教育体系中的法律地位。2010年《国家中长期教育改革和发展规划纲要（2010—2020年）》（以下简称《纲要》）把“高等职业教育提高到国家战略地位”。《纲要》明确提出：“发展职业教育是推动经济发展、促进就业、改善民生、解决三农问题的重要途径……必须摆在更加突出的位置。”紧接着，《教育部关于推进高等职业教育改革创新引领职化教育科学发展的若干意见》（教职成〔2014〕12号）提出“推广高等职业学校单独招生改革试点工作经验，完善‘知识+技能’的考核办法”，“鼓励职业学校和企业联合开展先招工、后入学的现代学徒制试点”。2014年6月，国务院出台《关于加快发展现代职业教育的决定》（国发〔2014〕19号），吹响了现代职业教育发展的号角，将“现代学徒制”提升至国家教育战略。同年6月，教育部等六部委联合印发《现代职业教育体系建设规划（2014—2020年）》，明确提出“发展工学交替、双元制、学徒制、半工半读等灵活的职业教育”和“在有条件的企业试行校企联合招生、联合培养的学徒制”。紧接着，同年8月和2015年1月，教育部连续发布《关于开展现代学徒制试点工作的意见》《关于开展现代学徒制试点工作的通知》两个文件，推动和落实现代学徒制试点工作。经过申报、遴选，教育部于2015年8月公布了首批试点单位，包括试点地区（含计划单列市）（17个）、试点企业（8家）、试点高职院校（100所）和行业试点牵头单位（13家）。同步进行的是部分省市也启动了现代学徒制的遴选和试点工作。2017年8月，教育部办公厅发布《关于公布第二批现代学徒制试点和第一批试点年度检查结果的通知》（教职成厅函〔2017〕35号），又公布了试点行业组织4家、试点地区2个、试点企业5家、试点高职院校154所、试点中职学校38所。

现代学徒制是结合传统学徒制和现代职业教育的优势发展起来的。学徒制发展在西方发达国家表现得尤为出色，18世纪中叶，随着工业革命的进行，学徒制首先在欧洲发达国家发展起来。特别是2008年经济危机之后，德国、瑞士、奥地利等欧洲国家的就业情况并没有受到经济危机影响，这归因于德国的“双元制”职业教育。英国和澳大利亚在德国“双元制”职业教育基础上分别发展了具有本国特色的“现代学徒制”和“新学徒制”。西方发达国家的学徒制有着共同的基本特征，包括：国家战略层面具有完善的制度管理体系；形成了多元参与的利益相关者机制；基本形成了校企联合为主体、工学结合的人才培养模式；学徒具有合法的双重身份。同时，也具有明显的共同发展趋势：学徒的对象不断扩大，并从传统行业向广泛的职业领域扩张；学徒制项目层次呈现阶梯化和模块化；在人才培养中注重基础理论与行业通用技能的培养；学徒制与正规教育系统走向融合；出现相对成熟的第三方培训与中介机构等。西方国家现代学徒制取得了骄人成绩，促使我国在借鉴外国经验的同时，不得不寻求具有中国特色的现代学徒制。

通过文献法和实际调研观察，我们发现现代学徒制实施过程仍存在不少问题，主要表现在顶层设计乏力、实施细则空白、操作性不强；企业参与热情度不高，校企合作流于形式；学生（学徒）身份认可度低；职业资格认证与现代学徒制对接不畅，学生（学徒）培养标准含糊不清等方面。本课题组一直对职业教育实践教学比较感兴趣，同时课题组成员也承担了大量的实习实训工作，不仅需要带领学生出校参与实习实训，而且还要深入企业建设实践基地、创新创业基地等，本课题组对学生实习实训工作前期已有大量的实践经验。通过阅读大量文献并进行实地调研，从中查找我国现代学徒制实施的困境及原因，针对现代学徒制的教学过程设计问题提出针对性策略，以期为之发展建言献策。

一、文献检索情况与分析

以关键词检索方式研究近 18 年来“现代学徒制”的文献情况，检索平台为中国知网（CNKI），包括期刊库、国内会议库、国际会议库、报纸、博硕士论文库等，检索文献发表日期设为 2000-01-01 ~ 2018-06-08。通过检索得到文献数量及相关文献的具体信息，统计文献历年发表量、引用次数等各种信息，绘制成相关图表。研读引用次数最多的相关文献，找出研究内容及热点，发现其研究趋势。

（一）关键词为“现代学徒制”的检索情况及分析

以“现代学徒制”为关键词，共检索到 4285 篇文献。历年文献发表量见图 1-1。从图 1-1 可知，2010 ~ 2013 年间，文献量较少，呈现缓慢上升趋势，2014 年后文献发表量快速上升，2014 年当年达到 180 篇，之后上升速度很快。2015 年、2016 年和 2017 年文献量分别达到 653 篇、1187 篇、1529 篇，2018 年预测值为 1893 篇。2014 年后文献发表量呈现快速上升趋势与我国在 2014 年出台《关于加快发展现代职业教育的决定》文件有关，该文件明确提出“开展校企联合招生、联合培养的现代学徒制试点，推进校企一体化育人”。因此，学术界加大了对“现代学徒制”的研究。2015 年，教育部连续发布《关于开展现代学徒制试点工作的意见》《关于开展现代学徒制试点工作的通知》两个文件，推动和落实现代学徒制试点工作。这也推动了研究文献的发表量。从曲线的趋势看，国家文件精神对“现代学徒制”的研究驱动力很大。

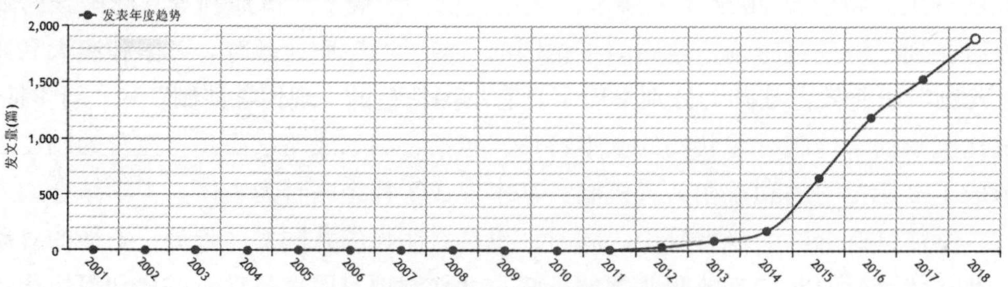

图 1-1　2000 ~ 2018 年历年的文献量

注　2018 年为预测值

来源文献的研究层次如图 1-2。

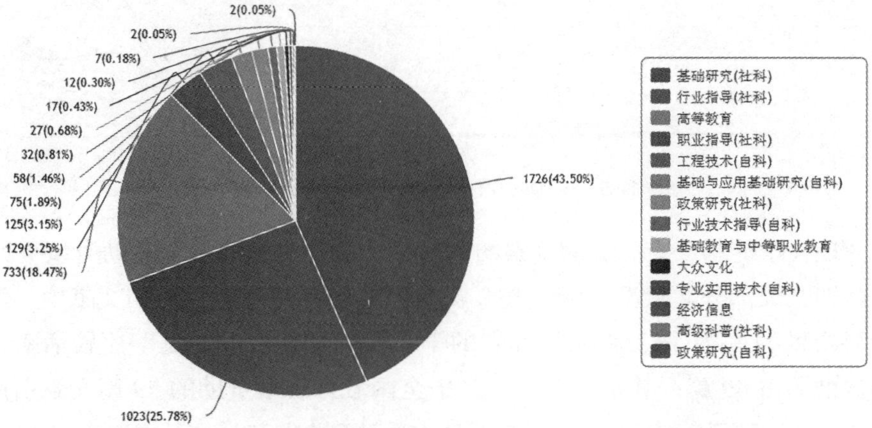

图 1-2 研究层次

来源文献排名前十的学科分布如图 1-3。

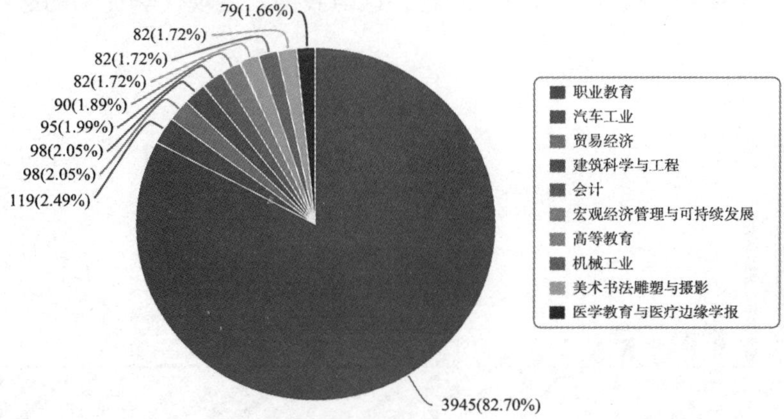

图 1-3 学科分布

来源文献排名前十的期刊分布如图 1-4，文献来源排名前三期刊的历年发文量如图 1-5。

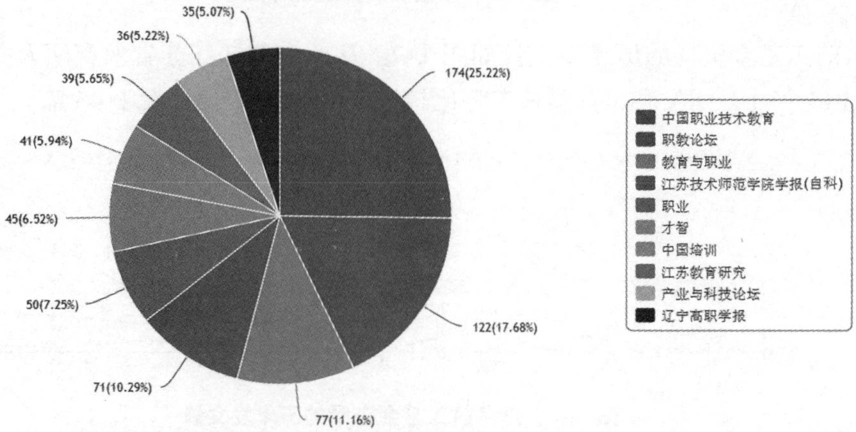

图 1-4 文献来源分布

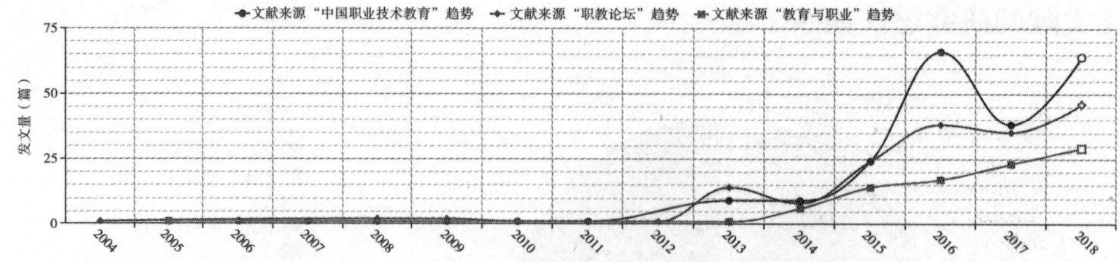

图 1–5　文献来源排名前三期刊的历年发文量

从以“现代学徒制”为关键词检索的文献中，统计文献的基金资助类型（见图 1–6）。从图 1–6 可知，大部分文献没有标注基金资助。在已标注基金资助的文献中，江苏省教育厅人文社科资助的占 71 篇，表明江苏省的学者研究“现代学徒制”比较活跃，全国教育科学规划资助的占 49 篇；其余的较少。其中全国教育规划资助的 49 篇文献引用次数较大（见表 1–1），篇均被引数达到 17.84，总下载次数达到 27997 次，其中 2011 年，关晶发表的《西方现代学徒制的特征及启示》单篇引用次数就达到 265 次。这 49 篇文献引用次数最大的 6 篇文献见表 1–2。从表 1–2 可知，这些文献主题探讨了西方现代学徒制的特征与启示，职业教育中现代学徒制的构建与出路等问题，这与我国发展现代学徒制的起步阶段是不谋而合的。

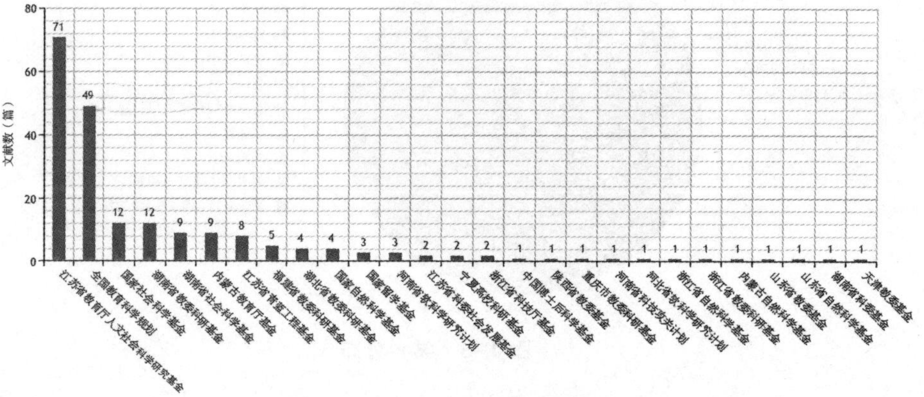

图 1–6　基金资助类型统计图

排名前三基金资助的历年发文量如图 1–7。从图中可知江苏省教育厅人文社科资助的论文从 2015 年才开始发表，且增长态势比较快速，2018 年预计发表 48 篇。

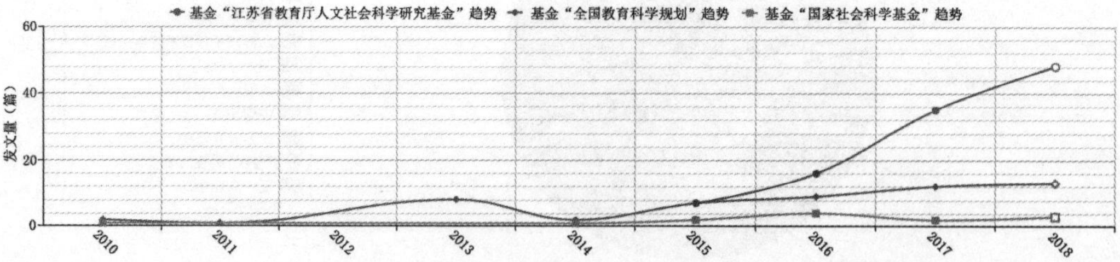

图 1–7　排名前三基金资助的历年发文量

表 1-1　全国教育规划资助的 49 篇文献引用情况

文献数	总参考数	总被引数	总下载数	篇均参考数	篇均被引数	篇均下载数	下载被引比
49	287	874	27997	5.86	17.84	571.37	32.03

表 1-2　全国教育规划资助的引用次数最多的 6 篇文献

序号	作者	题名	刊名	发表年份	引用次数
1	关晶	西方现代学徒制的特征及启示	职业技术教育	2011	265
2	谢俊华	高职院校现代学徒制人才培养模式探讨	职教论坛	2013	254
3	徐国庆	智能化时代职业教育人才培养模式的根本转型	教育研究	2013	62
4	王洪斌	“现代学徒制”—我国高职人才培养的新出路	现代教育管理	2010	56
5	岑华锋	现代职业教育体系视角下现代学徒制构建研究	职教论坛	2013	37

从以“现代学徒制”为关键词检索的文献中，统计基金资助为“全国教育规划”的历年发文量（见图 1-8）。从图 1-8 可知，受到全国教育规划资助的文献发表量在增加，表明了高档次资助基金正在逐渐关注现代学徒制的研究。

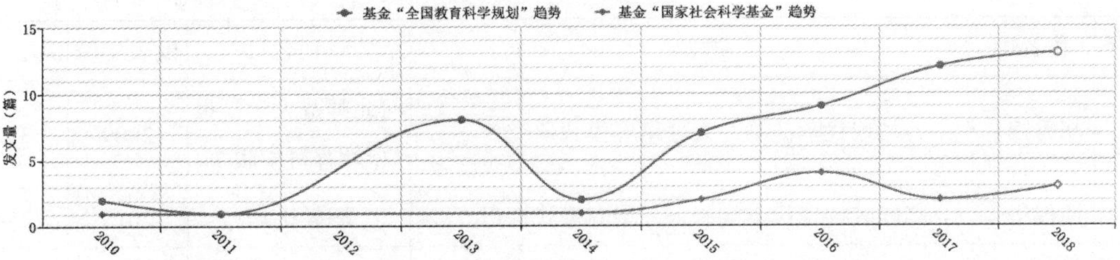

图 1-8　基金资助为“全国教育规划”和“国家社科”的历年发文量

注　2018 年文献量为预测值

从“现代学徒制”为关键词检索的文献中，统计其他关键词的发文数量（见图 1-9）。从图 1-9 可知，关键词排前三的分别是“校企合作”、“人才培养模式”和“职业教育”，文献量分别为 477 篇、440 篇和 366 篇。现代学徒制是职业教育的重要抓手，校企合作是现代学徒制的重要载体，同时现代学徒制又是一种新的人才培养模式，这与当前研究的热点非常契合。

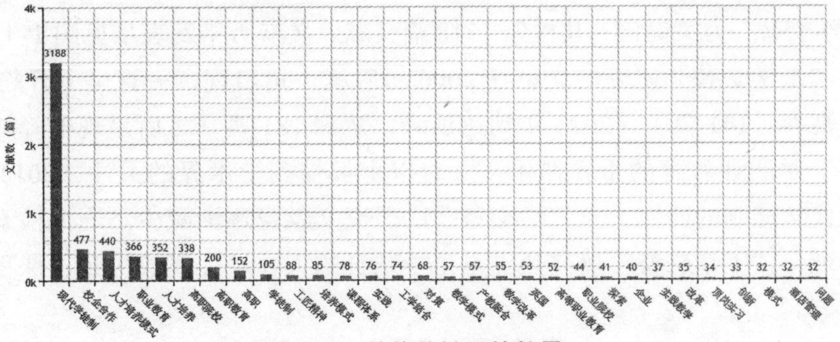

图 1-9　其他关键词的数量

从以“现代学徒制”为关键词检索的文献中，统计关键词为“校企合作”文献数量（见图 1–10）。引用量最多的前 6 篇文献列于表 1–3。从图 1–10 可知，曲线形态与图 1–1 非常相似，原因是研究现代学徒制必然会提出深度的校企合作，这更加证实了校企合作是现代学徒制的重要载体。从表 1–3 可知，这些文献研究的主题主要是现代学徒制存在的问题以及解决方法，更关注理论与实践方面的解决措施。

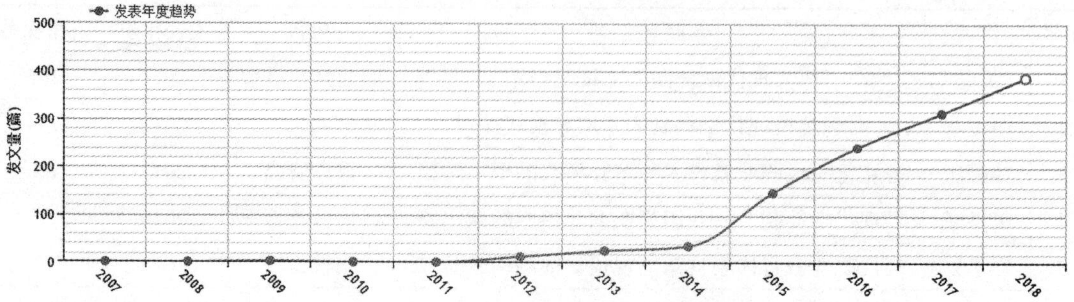

图 1–10　关键词是“校企合作”的发文量

注　2018 年文献量为预测值

表 1–3　关键词为“校企合作”引用次数最多的 6 篇文献

序号	作者	题名	刊名	发表年份	引用次数
1	胡秀锦	“现代学徒制”人才培养模式研究	河北师范大学学报（教育科学版）	2009	312
2	谢俊华	高职院校现代学徒制人才培养模式探讨	职教论坛	2013	254
3	赵鹏飞	现代学徒制人才培养的实践与认识	中国职业技术教育	2014	217
4	吴建设	高职教育推行现代学徒制亟待解决的五大难题	高等教育研究	2014	190
5	杜广平	我国现代学徒制内涵解析和制度分析	中国职业技术教育	2014	116
6	张启富	我国高职教育试行现代学徒制的理论与实践——以浙江工商职业技术学院“带徒工程”为例	职业技术教育	2012	93

（二）关键词为“工学交替”的检索情况及分析

以“工学交替”为关键词，共检索 1518 篇文献。文献历年发表量见图 1–11。从图 1–11 可知，关注“工学交替”研究的文献在 2006 年后就大量出现，一直呈上开趋势，2009 年出现第一个高峰（141 篇），2013 年到达顶峰，达到 181 篇，之后呈现下降趋势。这表明“工学交替”是职业教育的重要抓手，一直以来都受到学术界的关注，2014 年后学术界更加关注现代学徒制的研究，“工学交替”的研究文献量逐渐减少。通过检索引用次数最多的文献发现，“工学交替”研究热点是工学结合的人才培养模式构建、课程体系构建以及实践探索等。

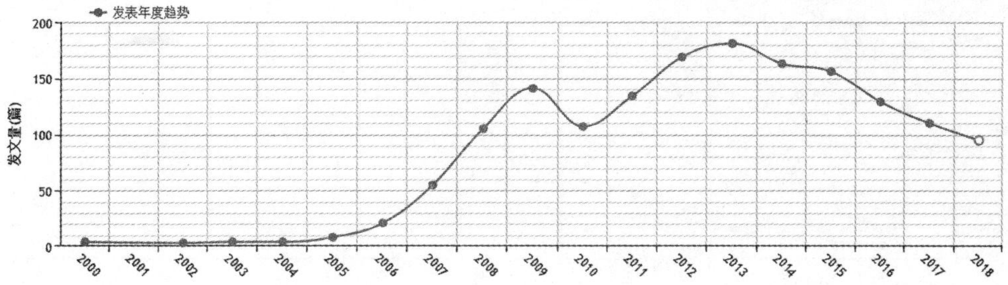

图 1-11 关键词为工学交替的文献量

注 2018 年文献量为预测值

（三）关键词为“校企合作”的检索结果及分析

以“校企合作”为关键词，共检索 32682 篇文献。文献历年发表量见图 1-12。从图 1-12 可知，关注“校企合作”研究文献在 2006 年后就大量出现，一直呈上升趋势，2015 年到达顶峰，达到 4070 篇。这表明校企合作是职业教育的重要抓手，一直以来都受到学术界的关注。随着 2014 年后我国提出大力发展现代职业教育，并明确提出现代学徒制培养模式，学术界更加关注现代学徒制的研究，因此，文献量呈现逐年上升趋势。目前，关注“校企合作”的文献量还有上升趋势，这说明今后几年学术界还会更加关注“校企合作”的研究。通过检索引用次数最多的文献发现，“校企合作”研究热点是校企合作的模式、存在问题及对策以及实践探索等。

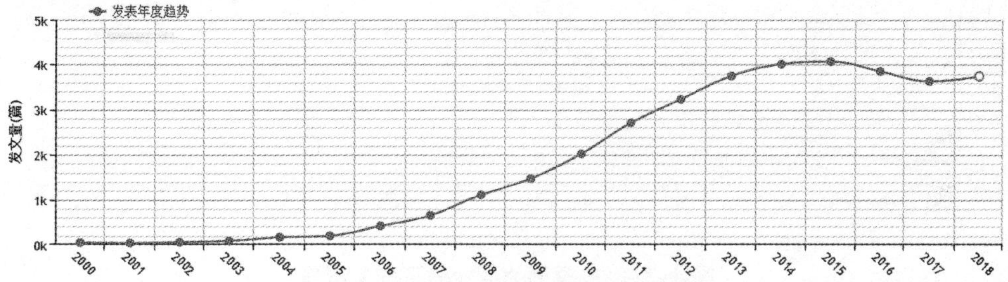

图 1-12 关键词为校企合作的文献量

注 2018 年文献量为预测值

（四）关键词为“双元制”的检索结果及分析

以“双元制”为关键词，共检索 1670 篇文献。文献历年发表量见图 1-13。从图 1-13 可知，关注双元制的研究文献在 2000 年后就大量出现，一直呈上升趋势，预计 2018 年将达到 163 篇。双元制是职业教育的重要抓手，也是现代学徒制的重要抓手，一直以来备受学术界关注，因此，文献量呈现逐年上升趋势。目前，关注“双元制”的文献量还有上升趋势，说明今后几年学术界还会更加关注“双元制”的研究。通过检索引用次数最多的文献发现，“双元制”研究热点是工作过程培养模式、双元制的课程体系以及实践探索等。

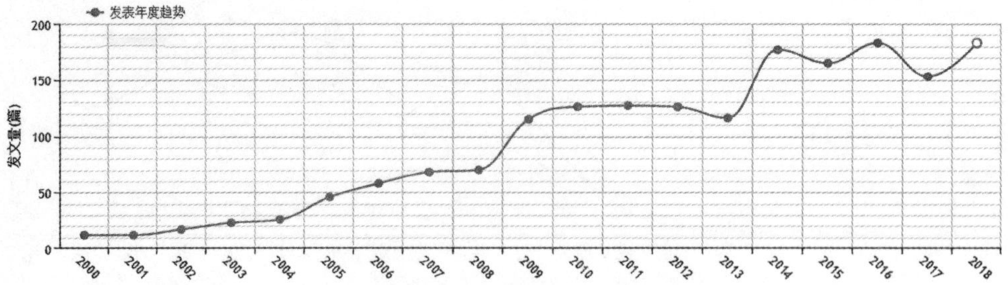

图 1-13　关键词为双元制的文献量

注　2018 年文献量为预测值

（五）关键词为“职业教育”的检索结果及分析

以“职业教育”为关键词，共检索 40380 篇文献。文献历年发表量见图 1-14。从图 1-14 可知，关注“职业教育”的研究文献在 2000 年后就大量出现，一直呈上升趋势。2014 年我国提出大力发展现代职业教育，2015 文献量就达到 3347 篇，表明学术界加大了对现代职业教育的研究力度，预计 2018 年将达到 3278 篇。目前，文献量还有上升趋势，说明今后几年学术界还会更加关注“职业教育”的研究。通过检索引用次数最多的文献发现，“职业教育”研究热点是职业教育关键问题、职业教育课程体系以及校企合作的对策等。

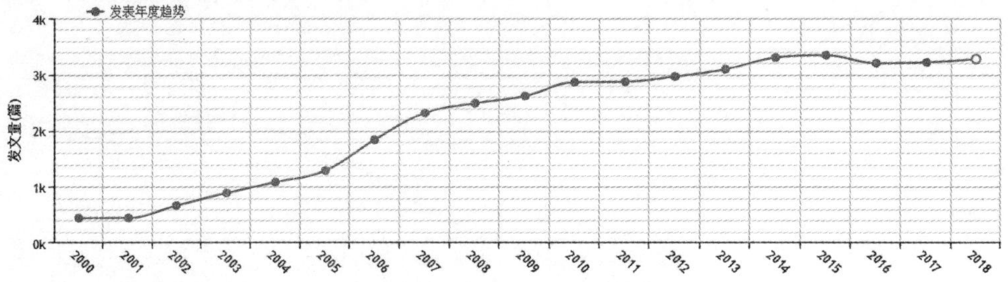

图 1-14　关键词为职业教育的文献量

注　2018 年文献量为预测值

二、研究内容与创新点

现代学徒制是职业教育的一种重要形态，本质上与校方本位职业教育形态具有不同的课程体系。但从我国学徒制开展情况来看，这个问题还没有厘清，大部分院校仍未形成清晰的现代学徒制课程教学设计过程。现代学徒制的课程教学应具有非常鲜明的自身特点，目前需要解决的是校企双元育人的课程设计，两个主体之间的课程关系，教师与师傅在课程实施过程中所需扮演的角色，课程如何评价等一系列问题。课题研究的主要内容包括：

（一）现代学徒制制度瓶颈与突破

1. 顶层设计与完备的校企合作平台

形成包括政府、行业和企业在内的完备的制度体系，教学主管部门从制度上做好顶层设计，规范职业教育行为，搭建和完善校企合作平台。

2. 双师型教师培养与师傅流通机制

建立工作过程导向培养体系；优化培训平台，强化队伍建设，利用企方平台强化教师培养；建立基于学徒制跨校教师交流机制，跨校企师傅流通机制；建立符合现代学徒制的教师考评体系。

3. 良好的教学资源组织

建立学徒制人才培养模式的市场配置教学资源机制；建立以学徒制专项经费制度为核心的办学资源调配机制。

（二）几个具体问题研究与对策

1. 双元育人主体与学生两重身份问题的对策

一是培养的主体有两个，即校和企（双元育人主体），涉及教学的内容设计、考核设计、学习载体制订、职业素养培训等方方面面，双方应从教学过程牵涉的理论—技能—教材—考核等做好设计工作。二是学徒的身份有两个，即学生和员工（两重身份），应从学生和员工两种身份的角度将责任与义务加以明确，并以合同形式约束。

2. “工”与“学”交替教学组织和管理方式设计

企方生产任务不确定性和校方教学过程连续性之间的矛盾，是教学组织和管理面临的普遍问题。由于教学空间延伸，教学主体双元，教学过程设计应精心考量工学衔接。必要的是依据课程培养目标中学生发展共性和个性需求选择教学组织与管理方式，树立企方培养为主体理念，实行双元共同负责的“柔性化”的教学组织，设计小模块教学是比较合适的方式，特别注重教学的空间与时间的精细安排。双元共同实施课程管理、共同评价实施效果。

3. 教学过程教师、师傅的协作和互补设计——搭建育人主体

做好教师和师傅在结对、课程共担、教程共建等方面的精细分工，保障工学结合中各自发挥有效作用。通过结对子让教师和师傅互相帮扶、取长补短，在课程建设、课程实施等方面实现协作和互补，达到教学团队的集聚效应，使团队效能最大化。

4. 课程体系重构与内容重组设计——学习载体重建

现代学徒制应体现职业教育“高等性”和“职业性”有机融合。尤其是企方的教学内容，应包含的关键在于：一是“学习性岗位”的设计。在课程开发和基地建设中，统筹兼顾课程要素和基地生产要素，着力解决将企方生产岗位转换成合适的“学习性岗位”。二是“学习性工作任务”的设计。课程如何在校外基地实施并最终实现课程所承载的教育目

标，其关键是要将企方生产任务经过教学设计，转换成学习性工作任务，形成由简单到复杂的系列学习性工作任务，同时关注工作任务的具体性与教授知识的系统性结合。

5. 探索现代学徒制课程教学的考核评价标准及依据

采用“能力取向”的评价理念，变末端考核为过程考核，变封闭考核为开放考核，变单一考核为“知识＋技能”考核。因此，制订考评标准与依据应注重两块：一是过程考核，按照教学过程设计，结合工学教学目标，考核时做好反馈与沟通；二是学生成长与发展的考评，突出人文素质、沟通能力、职业素养、文化自觉等方面的评价。在技能考评中应结合以下两方面：一是考核学生动手实践与生产的熟练程度，可用合格产品的生产量（主要是生产效率）为表征；二是考核学生理论与技能的结合能力，可用对学生在生产过程中的现象判断、解决问题的实际能力（主要是生产效果）为依据进行评价。

6. 现代学徒制研究的内容分析

现代学徒制是一个完整而复杂的职业教育系统，只有全面了解这个系统的内涵与外延，才能构建中国化的现代学徒制。采用内容分析法对2002~2014年国内期刊有关现代学徒制的学术论文进行研究，对现代学徒制的研究现状、存在的问题及发展趋势等内容进行梳理，可以从宏观上把握现代学徒制的研究方向，也可以从微观上探寻现代学徒制的模式结构，还可以对今后现代学徒制的研究提出新思路和新方法，以此促进我国现代学徒制理论与实践研究的发展。

作为最早的职业教育形式之一，学徒制在公元前2100年就已经成为人类传授知识的主要形式，并且在相当长的历史阶段都表现出极为明显的优势。近年来，许多国家在吸收借鉴传统学徒制优点的基础上发展了现代学徒制，将传统学徒制模式与现代职业教育相结合，逐渐成为国际职业教育发展的基本趋势和主导模式。现代学徒制在推动这些国家的经济发展、培养熟练工人、解决青年失业、传承技能技艺等方面起到了重要的作用。

在我国，奴隶社会时期的手工业教育和家庭教育中就已经出现了学徒制的初级形态，即“父教子”和“师教徒”。后来，学徒制几经变迁，逐渐被学校形态的职业教育形式取代。进入新世纪之后，国内学者开始关注国外的现代学徒制，这期间主要做了一些比较研究。2011年3月，教育部有关领导提出了要“建立国家级别的现代学徒制”的设想。2014年5月，《国务院关于加快发展现代职业教育的决定》明确指出，要“开展校企联合招生、联合培养的现代学徒制试点”。2014年8月，教育部颁布《关于开展现代学徒制试点工作的意见》，标志着我国现代学徒制改革试点进入了实质推进阶段。

现代学徒制不是一种简单的技能学习形式，而是一个完整而复杂的职业教育系统，只有全面了解了这个系统的外延及内涵，才能真正构建出“中国化”的现代学徒制。因此，笔者通过对2002~2014年间国内期刊有关现代学徒制的学术论文进行内容分析，对现代学徒制的研究现状、存在问题及发展趋势等进行梳理，以期为现代学徒制的研究提供一些新思路和新方法。

笔者采用的研究方法主要是内容分析法。内容分析法是一种能对明显的传播内容做客观而系统的分析并加以描述的研究方法。这里“明显的传播内容”是指任何形态、可以记录、可以保存并具有传播价值的内容。从具体的实施过程看，内容分析法的基本步骤包括：研究内容抽样；确定类目和分析单元；评判记录；信度计算；定性分析和统计描述。

在教育研究中，内容分析法通常以各种文献为研究对象，采用客观、系统和定量的方式对某一特定问题进行发展趋势分析、意向分析、态度分析或者比较分析等。因此，采用内容分析法对 2002~2014 年间国内学术期刊中关于现代学徒制的论文进行研究显然是十分合适的。笔者以中国知网学术期刊全文数据库为检索源，以 2002~2014 年为时间跨度进行检索。由于有部分论文的标题中称“学徒制”，亦有的称“现代学徒制”，因此，仅以“学徒制”作为篇名进行精确查找，得到论文 467 篇。又考虑到在一些研究中有学者将“学徒制”称为“师徒制”，因此，又以“师徒制 + 职业教育”为篇名进行精确查找，得到论文 23 篇。为了提高研究样本的信度和效度，首先将卷首语、新闻稿、评论、会议通知等删除，然后将与本研究不相关的论文删除，最后共得到论文 396 篇，将其作为研究样本。以样本的文献来源分析、研究内容分析作为研究纬度。分析单元为独立成篇的论文。凡结构完整的论文，不论其篇幅长短，均按照一篇计算。由于目前我国对现代学徒制的研究比较零散，尚没有形成明确的研究领域和系统的研究成果。因此，笔者通过对 396 个研究样本进行分析，设计出本研究的六个内容分析类目：①人才培养模式研究；②比较研究；③关键因素研究；④特征和作用研究；⑤历史研究；⑥理论研究。对具体的每一类也进行了细致的划分。内容分析法中的信度是指两个以上参与内容分析的研究者对相同类目进行判断的一致性。一致性越高，内容分析的信度也越高，进行内容分析的科学性、合理性以及精确性也就越高。

内容分析的信度计算公式是：$R = n \times K / \left[1 + \left(n-1\right) \times K\right]$。其中，$R$ 为信度，K 为平均相互同意度，$K = 2M / \left(N_1 + N_2\right)$，其中 M 为两个研究者一致同意的栏目数，N_1 为第一研究者所分析的栏目数，N_2 为第二研究者所分析的栏目数。在笔者的研究中，第一研究者是作者本人，第二研究者是课题组的两名成员，通过计算后得出的评判信度 $R \approx 0.9125$，具体的计算过程在此不再描述。根据经验，如果信度大于 0.90，则可以将第一研究者的评定结果作为内容分析的结果。

位列前十名的省市大部分都属于京津沪、长三角和珠三角等经济发达地区，这一方面说明区域经济水平在促进职业教育发展的过程中起到了重要作用，提高了本地区职业教育的研究水平；另一方面，职业教育研究水平的提升加快了职业院校教学改革的步伐，使其教研人员对国内外最新的职教理念和方法更加关注。如江西省部分职业院校在 2005 年就开始了自发性的现代学徒制试点工作，新余市在 2010 年出台了《职业教育现代学徒制试点工作方案》；浙江省在 2009 年就开始了政府主导下的现代学徒制试点工作；广东省的部分职业院校在 2009 年也开始了现代学徒制的实践。有研究表明，职业教育的经济效能高于普通教育，加大对职业教育的投资力度，有利于获得更高的经济利益回报。因此，经济发达地区大力推广现代学徒制可能会成为今后的一个趋势。

（1）人才培养模式研究。人才培养模式是推行现代学徒制的落脚点。有关现代学徒制人才培养模式的研究论文数量高达 152 篇，占论文总数的 38.4%，其中有 122 篇发表在 2012~2014 年间。

研究表明，各类职业技术院校（含高职、中职）是进行人才培养模式研究的主力军，他们根据各自学校的特点，在很多专业中进行了不同形态的现代学徒制尝试。例如，杨小艳在汽车运用技术专业从“收徒、学艺、出师”三个方面构建了现代学徒制的三环节培养体系；陈若蕾在秘书专业尝试了具有广东特色的“234 现代学徒制”人才培养模式；吴业亮等人建议，实践现代学徒制要把好“四关”：入门关、培养关、出师关和保障关；王希旗以“首席工人、技术能手带徒工程”模式为视角，提出了个性化培养学生的思路，此法还被《中国教育报》以评论的形式进行了全面介绍，并给予了很高的评价。

除学校之外，很多企业也总结了内部实行的学徒制（有的也称为师徒制）情况。例如，广西柳工集团有限公司制订了完善的现代学徒制培训体系，其中包括技能传承带徒模式、提高式带徒模式、专项式带徒模式、以老带新的带徒模式等多样化的带徒方式；中原油田为解决长期以来面临的工学矛盾，下达了名师带徒管理办法，组织开展了名师带徒活动，通过“签订协议、设定计划、传授技艺”的方式进行师徒技术传承，通过“组织引导、制度保障”的方式确保名师带徒工作顺利进行和健康发展，通过“入门体验、量身定做、达标发展”制订个性化的徒弟发展目标；大连的大起集团有限公司总结了培养企业高级技工师徒制的流程：培训需求分析、制订培育计划、评估培育结果、动态调整培育方案。

（2）比较研究。在所有研究样本中，有 98 篇采用了比较研究法，且数量上呈逐年增加的趋势。从这些论文的研究内容看，我国研究者重点关注了英国、德国、澳大利亚、瑞士等国家现代学徒制的发展情况。例如，赵志群在对比研究后发现，现代学徒制在国外越来越受雇主欢迎的原因有：雇主需要高素质员工、学徒制能减少培训成本、校企合作能提高公司声誉、师徒互动能提高员工工作积极性；颜忠军通过分析中世纪西欧学徒制教育的兴衰历程，得到以下几点启示：积极认识教育培训合同的法律意义、强化目标责任意识、对学生渗透职业道德教育、建立发展性评价体系；徐瑾劼从实施动机、培训框架、职业证书、政府政策、课程特色等方面比较了英国和澳大利亚的新学徒制体系，总结了两个方面的经验：要体现市场导向驱动，培训框架要与能力标准统一。

（3）关键因素研究。作为一个完整的职业教育系统，现代学徒制是由学生、学校、企业等多个主体有机构成的。因此，能影响这些主体的因素也必然会影响到现代学徒制的实施与运行。比如，学徒的沟通能力会影响学习效果；培训成本会影响企业参与学徒制的积极性；政策环境会影响学徒的社会地位；学校的管理制度会影响教师的积极性。如果我们能从微观的角度探究这些关键因素对现代学徒制的影响情况，将可能让我们制订出更合理、更完善的现代学徒制实施体系。

所有研究样本中有 60 篇论文涉及影响现代学徒制实施的关键因素。例如，针对政府的责任，翟海魂认为，要推进现代学徒制的改革，必须在有关法律法规体系中明确现代学徒制是我国职业教育体系的一个重要组成部分；苑国栋提出，政府要担负起四个责任：建立健全法律法规及实施保障机制、加大资金投入、发挥组织协调的职能、加强舆论宣传和引导；王喜雪在从政策的视角对比分析了英国和我国的现代学徒制之后，建议我国政府要建立政策利益相关方的合作组织，建立促进企业参与的校企合作机制，完善国家职业资格相关制度，建立过程监督体系。

在谈到影响学校这一主体的关键因素时，贾忠革认为，职业院校要主动解决企业担忧的问题，主动与企业开展社会服务项目；胡秀锦认为，课程和教学改革是落实现代学徒制的基本保证；王振洪提出，建设专兼结合的教学团队应该是学校实施现代学徒制模式的重要基础；高葵芬认为，高职院校要发挥自身的优势，用实证和行动研究的方法对现代学徒制进行系统研究。

企业也是现代学徒制模式中的重要环节，如何保证企业的合理利益，降低企业的实施成本，促进企业的合作积极性，这些都是密切关系到企业在现代学徒制实施过程中地位的关键因素。例如，毕爱学、李鹏等人认为，企业对学徒制的明文规定、激励机制、考核机制和保障机制都可能影响学徒制的实施效果；陈卓认为，校企合作的紧密程度、合作深度、对学徒制的理解程度也会影响企业的积极性；田巨认为，行业协会和企业共同制订的行业标准对现代学徒制模式下的课程体系和教学质量保障体系的建立有重要作用；周红利认为，参与学徒制培训的投资成本也会影响企业的信心，必须建立人力资本产权保护制度，确立谁投资谁获益的原则。

（4）特征与作用研究。所有研究样本中有46篇论文描述了现代学徒制的特征和作用。

关于现代学徒制的特征，关晶在分析了传统学徒制的几种形态之后认为，现代学徒制的“现代性”应该体现在：以教育而不是以生产为目的，是职业教育而不是就业培训，是正规教育而不是非正规教育，是终身教育而不是终结教育，是国家统筹而不是行业管理，是结构化教学而不是“放羊式”教学；李玉珠从教育现代化的视角出发认为，现代学徒制应该具有国家化、法制化、民主化、理性化等特征，这也是其区别于传统学徒制的本质特征。

关于现代学徒制的作用，研究者一致认为其在缓解日益严峻的就业矛盾、节约教育资源、节约企业成本、促进教育与产业结合等方面的优势是明显的。例如，徐明波认为，它能提高大学生的创业和实践能力；关晶认为，它符合职业教育规律，可以解决职业能力与岗位要求不匹配的问题，能提供高质量的劳动者，促进全民学习；马庆发认为，它可以使我国职业教育的资源得到充分利用，可以使企业充分参与到职业教育改革中来，促进教师队伍的专业化发展，促进教学水平的提高。而且，研究样本还显示，现代学徒制已经在我国很多职业院校的矿山机电、艺术设计、电子商务、数控、电梯工程、计算机仿真、护理等专业进行了试点应用，并取得了很多成绩和好的经验。

（5）历史研究。研究我国学徒制历史的主要论文有：《我国学徒制发展历史考略》《我国学徒制的历史沿革与创新》《1949年至1965年中国学徒制政策研究》《学徒制发展的历史逻辑和我国的选择》《晋商学徒制习俗礼仪初考》《山西商号教育特点解析》等等。研究国外学徒制历史的主要论文有：《论学徒制职业教育的产生与发展》《学徒制在英国沉浮的背景分析》《西方学徒制的历史演变及思考》《美国学徒制的移植、断裂与重塑》《西欧学徒制的历史演变及现代意义》《欧洲古代职业教育中学徒制的特点和影响》等。

2003年，赵健将学徒制作为一种特殊的学习组织模式进行了研究，提出内隐学习和默会知识习得是这种学习组织的主要特点。后来，张成玉、王帅、董仁忠等人在自己的研究中都关注了职业教育中的默会知识理论。2008年，赵蒙成将“工作场学习”的理论引入国内，并将职业教育中的学徒教育形式与工作场学习联系起来。徐瑾劼研究后也认为，

“工作场学习”是对当前职业学习模式提出的新挑战，要重新认识真实工作环境中的学习模式，重新评估知识和技能的性质，重新划分学习与工作的界限等。肖凤玲在研究了职业教育实践教学过程中的默会知识后发现，职校生的动作技能通常要经过活动定向、模仿、熟练操作等三个阶段，而学徒制的模式可以引导学生主动学习，在三个阶段中通过自我构建形成属于自己的个人知识（即从师父那里获得技术知识）。

7. 对现代学徒制研究的反思

首先，我国国家层面上关于激励和保障企业参与职业教育的制度尚属空白，企业对参与职业教育仍缺乏主动性，行业组织对校企合作的指导和干预也非常微弱，而且我国很多地区（特别是经济欠发达地区）对现代学徒制的了解还很欠缺，因此，在全国推广现代学徒制试点的环境是否成熟还需考虑。

其次，如果一个企业没有完善的人才培训制度和长远的员工发展规划，那么这个企业是不可能理解现代学徒制的真正涵义的，也就无法在与学校的合作中真心实意地参与进来。从笔者的分析结论来看，企业对现代学徒制的理解和接受程度可能会成为推广现代学徒制的绊脚石。

再次，无论把现代学徒制看作一个多么复杂的系统，最后的落脚点都是师傅和学生（即学徒）。国家政策、管理机制、激励制度、评价体系等都是学徒制系统的外部因素，而徒弟的积极性、师傅的态度、师徒的交流技巧和沟通能力等是该系统的内部因素。如果只关注对外部因素的研究而忽略了对内因的思考，也许我们的现代学徒制研究就只能成为美丽的空中楼阁。

最后，工作场所中的学习一般都具有很强的专业性，缺乏通识性知识，徒弟获得的知识也不具有可迁移性，这样的工作场所学习对学生个人的智力发展是没有太多帮助的，也会使学生的职业竞争力后劲不足。因此，研究和发展学生的非智力因素应该成为学校教育体系中的重点，也应该是现代学徒制研究的重点。

8. 对现代学徒制研究的建议

（1）开展现代学徒制的个案研究。个案研究法就是对单一的研究对象进行深入而具体研究的方法。职业院校使用个案研究的方法可以对现代学徒制的实践情况进行多层面、多方位、多维度的研究，可以通过访谈、问卷、测验等科学方法发现很多存在的隐性问题，并获得第一手的资料和最直接的经验。这些资料和经验对于国家政府制定本土化的现代学徒制政策有重要作用。

（2）重视现代学徒制体系中的微观研究。从笔者的研究样本看，目前我国的研究者多把视线集中在政策、制度、框架等因素之上，尽管这些因素都很重要，但是在现实环境下，这样的研究结果最终也只能作为中肯的建议或者美好的设想。因此，应该将目光集中在位于现代学徒制体系中心的学校、学生、企业上，从微观的视角研究这三个主体以及影响他们的因素，比如课程设置、企业培训成本、知识获取、学生的知识迁移、学习理论等问题。只有真正了解了现代学徒制的细微之处才能把握全局。

（3）学校要自觉加强校本研究，提高企业合作信心。在 2010 年职业教育与成人教育工作会议上，教育部部长袁贵仁一语道破我国职业教育中的致命弱点：弱在校企合作。校企合作本是职业院校办学之根本，也应该是校企双赢的一个局面，为何好的想法却不能得出好的结果呢？在我国，学生属于学校而非企业，企业如果与学校共同培养学生，不仅可能会影响生产，而且培养出来的学生毕业后不一定会留在企业，从这点看，企业参与校企合作得不到任何收益。因此，开展现代学徒制的一个前提是，学校应加强科研水平，在规模化生产和智力支持等方面加大对企业的帮助，让企业提高对学校的信心，切实感受到校企合作的收益。也许在这一点实现之后，“国家调控 + 市场导向”的现代学徒制模式才会出现。

（4）促进行业协会主导的现代学徒制。纵观国内外学徒制教育的发展历史，总可以看到行业协会在其中扮演着非常重要的管理角色。但随着职业教育体制的变化，行业协会也经受了很多挫折。当我们开始重视职业教育发展，开展现代学徒制研究工作的时候，就不得不认真思考行业协会在其中的定位和功能了。尽管我们无法确定行业协会在政府政策尚未完善的情况下是否能成为促进现代学徒制发展的主体力量，但是我们相信，行业协会在现代学徒制这个体系中应该有充分的话语权，这不仅表现在对教育结果的评价上，而且也表现在对教学模式、课程设置、合作机制、教育管理等方面的决定权上。

（三）实证研究内容

本研究以实证个案研究为例，以江西理工大学应用科学学院矿物加工（选矿）专业的专业理论课《矿物浮选理论与实践》配套的实习实训课程“生产实训（二）”为例，按现代学徒制的课程的开发原则、方法和要求对原有实习实训现场的教育方法进行了系统梳理和改进。原有教学法是：理论学时 60 学时（教师讲授），课程设计 2 周（教师陪同），在校方开展；实践教学 3 周（师傅指导），在企方开展。现代学徒制的教学法是：理论课和原有教学法一致。选矿 14 级学生于 2016 年 7 月在江西某大型铜矿山进行为期 1 个月的生产实习，实训安排为：理论教学（20 学时，校方教师讲授，晚上进行）；生产现场安排包括安全讲座（2 学时，师傅报告）、技术讲座（2 学时，师傅报告）、理论指导（10 学时，师傅与学生座谈）、岗位实训 20 天（师傅跟班指导）。对比两种教学方法的效果显示，学徒制的教学法具有显著的效果。

（四）突破与创新点

一是理论研究上利用鱼骨图分析现代学徒制实施中存在的四类问题并提出了七个方面的对策。其中提出的对策涉及制定主体职责清单，厘清政府、行业协会、企业、高校的主体职责；完善具体工作机制，明晰多方主体协作、校企合作育人和赋予行业协会更多职权的运行机制；建立详细标准体系，健全职业能力认证、关键能力培训、师傅资质认证、培训过程监管等标准体系。

二是在几个具体问题研究方面：非常明确地界定了双元育人主体与学生两重身份问题的对策；“工”与“学”交替教学组织和管理方式设计；教学过程教师、师傅的协作和互补设计——搭建育人主体；课程体系重构与内容重组设计——学习载体重建；探索现代学徒制课程教学的考核评价标准及依据等问题。

三是探讨现代学徒制教学过程设计的特征、要素、原则、方法、条件及评价等体系，阐明当中的核心问题和关键要素。尤其是创新性地提出了现代学徒制的逻辑体系要素的内容，内容全面，通俗易懂的概括性地论述了其中的逻辑关系，详细地阐述了其中包含的理论架构，具体回答了现代学徒制的特征、要素、原则、方法、条件及评价等体系是什么。主要包括六个方面：现代学徒制教学的本质特征；现代学徒制教学过程的要素；现代学徒制课程开发的原则；现代学徒制课程开发的方法；现代学徒制教学开发的条件；现代学徒制教学过程的评价。

四是实践上以选矿专业的“生产实训（二）”课程为例。坚持实训内容与教学内容对接；学习岗位与生产岗位对接；教学过程与生产过程对接等原则。对实训过程的岗位进行开发，形成了学习型岗位，开发过程包括：①岗位素养分析；②学习内容筛选；③生产技能归纳；④教学方案设计。通过借鉴现代学徒制构建的生产实训教学过程，基本实现了教师指导学生，师傅指导徒弟的双元主体育人过程。选矿14级学生的实习效果比选矿12级有显著提高。

本研究成果对我国实施现代学徒制走出困境具有重要的参考价值。

三、研究意义

（一）理论意义

我国学徒制在古代是培养技术人才的重要途径，起源于奴隶社会，形成于封建社会。既有家庭小作坊的父亲传授“祖传秘方”给儿子的形式，也有满足官方“师傅带徒弟”的形式，在“学而优则仕”的制度环境下，学徒身份较低。随着我国加入世界贸易组织（WTO）和提出“中国制造2025”，对高技能、高素质人才的需求不断增加，现代学徒制应运而生。现代学徒制在职业教育中必要性主要表现为：

1. 开展现代学徒制是理实兼备人才培养的迫切需要

学生（学徒）只有在特定职业岗位或工作情景中培养，技能才能得到提升，职业能力才会养成。现代学徒制体系下技能培养通过打破常规学校教育的局限，突出技能获取的真实工作场景；通过学生（学徒）亲历现场，在企业师傅指导下，在真实岗位中从事实际工作，对岗位技能的反复模仿和锻炼，对理论知识的反复揣摩和领悟，理论知识和实践技能必然内化成自身的职业能力。现代学徒制培养模式是一个循序渐进、理实交替锻炼的育人模式，主要针对传统学校技能教育的缺陷，按照技能学习的内在规律，既强调理论学习重要性、适用性和针对性，更强调岗位能力锻炼的真实过程、实际情景和养成规律。因此，现代学徒制是培养学生（学徒）获取技能途径的有效促动，是培养理实兼备人才的迫切需要。

2. 开展现代学徒制是精湛技能人才培养的重要出路

传统学徒制培养是学徒简单的操作模仿，这种过程很难培养高技能人才。高技能人才精湛技能的养成是有其内在发展规律的，是一个遵循着“生变熟、熟变巧、巧升华”的过程。现代学徒制体系下，高技能人才培养不再仅停留在工作现场单一培养，而强调理论基础习得上在真实场景环境中经历由反思到实践再到顿悟的质变过程，是经过理实反复训练后掌握的能力、技巧和诀窍。因此，“现代学徒制”就是培养掌握工作能力、技巧和诀窍，并具有变通和创新能力的一种人才培养模式。精湛技能人才的培养既强调学校学习的基础理论，也强调有关“技能”本身行当里触类旁通的专业知识，更强调与具体岗位能力相关联的职业能力。“现代学徒制”培养过程突出操作技能的养成过程、专业基础的掌握过程以及经验知识的形成过程。

3. 开展现代学徒制是“工匠精神”人才培养的关键核心

“现代学徒制”是对专研、执着、效率等具备“工匠精神”人才的培养模式，是制造产业进步和质量价值追求的强大动力，有利于业态创新和产业进步。“现代学徒制”模式有利于“工匠精神”传承和生产技能传递，在现代生产工具、工业生产设施、工艺流水操作等技能绝活体系的融合中，最终体现在产品市场竞争力和品牌影响力上。新经济对生产的要求更加多样化、人性化和个性化，质量过硬、产品新颖的个性化产品市场更加广阔。为了促进新经济的发展，尤其是制造业的可持续发展，此时，人才培养的重要抓手——“现代学徒制”应运而生，它依托校企合作，跨越校企空间，学生（学徒）交替的在理论知识与专业技能间揣摩和体悟，在学生与员工双重身份间磨合与认同，不仅培养了他们对知识和技能的理解与贯通，而且培养了他们的执着、耐心、仔细、认真的工作态度，培养了崇尚劳动、爱岗敬业，刻苦钻研、创新创造的“工匠精神”。

（二）实践意义

1. 对实行现代学徒制职业本科具有借鉴意义

2012 年以来，全国各地大力提倡本科的转型发展，也提出了职业本科的概念，相较于以往职业院校仅包含高职和中职的范畴大大前进了一步，职业本科教育深入人心。各大院校开始进行现代学徒制试点，虽然每个学校教学模式、师资水平等有所差别，但是以学生为中心，培养高技能、工匠人才是各大院校共同的目标。通过分析现代学徒制实践过程中出现的问题，提出建设性对策，对开展现代学徒制职业人才培养的院校具有借鉴意义。

2. 有助于现代学徒制的持续性发展

现代学徒制是传统学徒制与现代高等教育结合起来的产物，它集中了传统学徒制与高等教育大规模培养人才的优势。通过对四所职业本科和高职学院的调研，查找校企合作的困难和现代学徒制面临的挑战，提出对应的对策。对现代学徒制在职业院校的开展情况进行研究有助于掌握现实职业院校人才培养的缺陷，将政府、企业、学校、学生（学徒）等有机联合起来，由宏观环境到微观条件来分析现代学徒制在的外部环境和学校内部相应的改革，有利于带动区域经济的发展，有利于现代学徒制的持续性发展。

3. 有助于职业教育的可持续发展

从属性上来说，高等职业教育的主要特征：教学方式的实践性，企业和学校共同培养学生（学徒）；教学内容包括理论教学和实践教学，理论教学是让学生掌握必要的理论知识，实践教学是让学生在真实的工作场景下进行实习实训，并掌握必要的技术技能。从层次上看，高等职业教育是职业教育的高层次教育，与中等职业教育相比，不论是教学内容复杂程度还是实践内容操作，能力要求都有所增加，现代学徒制教育在传统学徒制基础上创新性地加入现代元素，对培养规模化的技术技能型人才具有重要意义。因此，研究现代学徒制有利于促进职业教育的可持续发展。

4. 有助于高技能型、复合型、创新型人才的培养

2013 年，我国经济进入新常态，第三产业处于不断增长的态势。企业对只会简单操作的劳动者的需求逐渐下降，为了提高劳动生产率，企业不断追求高技能人才，这也是现代学徒制快速发展的动力因素。现代学徒制体现的是以学生为中心的教育思想，通过校企合作，学生不仅掌握必要的理论知识，也学会了企业需要的实践技能。通过轮岗实习，顶岗实训，提高学生的职业转移能力，有利于学生可持续发展和职业教育的健康发展。现代学徒制体现的是终身教育和双元育人，有利于培养实践能力强、创新型、复合型人才。

四、研究方法与逻辑

（一）研究方法

主要的涉及的研究方法有：

1. 文献法

梳理本课题研究所需的理论基础和研究现状。本课题理论研究部分，结合教育技术学、心理学等多元视角的文献调研法，在收集分析国内外相关文献资料的基础上，分析梳理本课题涉及的相关概念，解释其形成的环境、制度背景。

2. 调查研究法

对四所院校实地调研，通过与负责人交谈（8 人次）、发放问卷调查（200 份），回收问卷 182 份、采取电话调查（6 人）等方式调研。对他们的校企合作、工学结合等实践教学模式调查研究，启发思路，其中对现代学徒制的教学过程发放问卷调研（调研结果见第二章）。

3. 观察法

依据成熟的学徒制理论及在教育学、心理学、统计学等指导下，验证本课题设计的教学过程是否先进可行。通过对《矿物浮选理论与实践》理论课对应的生产实训课程的现代学徒制教学过程学习型岗位设计及实证研究，掌握其中的要点，结合数学统计与检验，判断新方法的优略，提供实证与示范探索。

本课题除了采用以上三种重要方法外，还采用了经验总结法等。

（二）研究逻辑结构

研究逻辑主要是：①提出问题并研究问题是什么，并界定概念；②对地方职业本科高校学生校企合作、工学结合的实践教学现状进行调研，探讨现代学徒制教学过程设计与构建的必要性；③从以上两点分析与研究设计与构建的要素；④同时研究现代学徒制、双元育人主体等内涵，教育学技术、心理学理论、学徒学习过程的体验，教学资源库、学习效果考核评价的表征；⑤最后研究应用案例（实证）和途径，探讨构建现代学徒制教学过程设计与示范。逻辑结构如图 1–15。

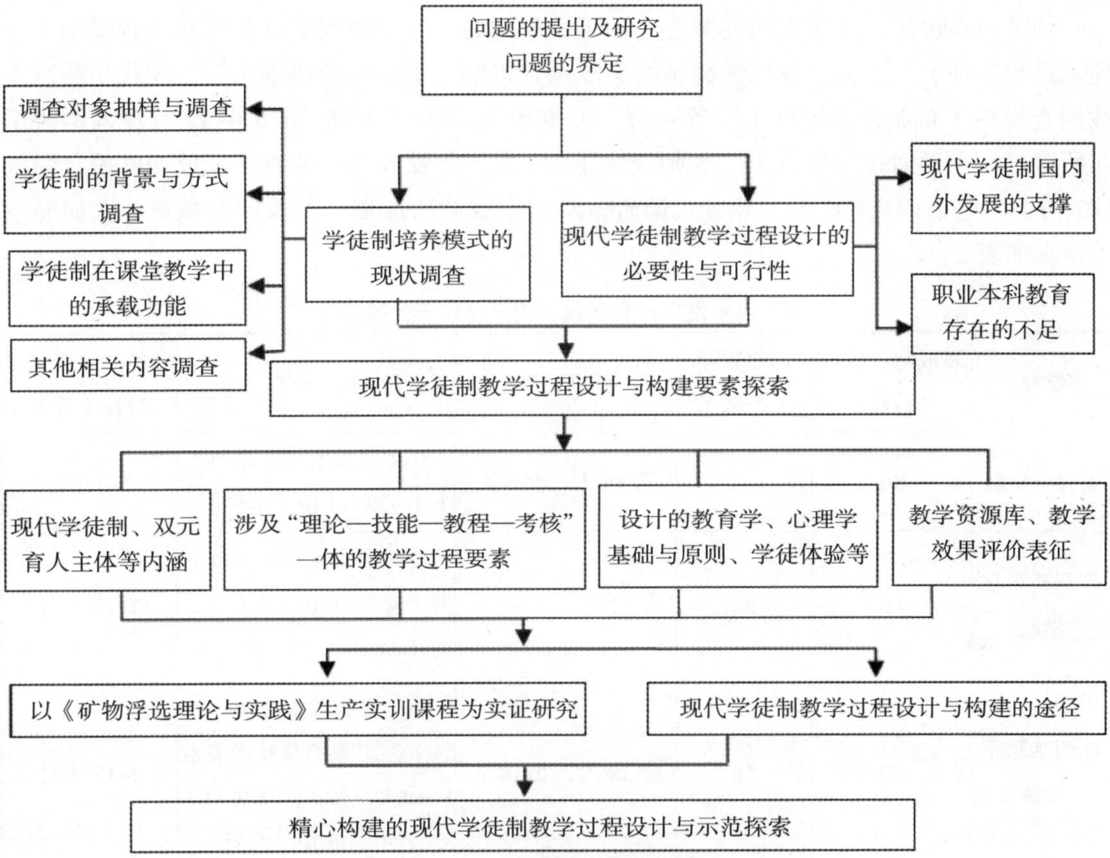

图 1–15 具体的逻辑结构图

第二章　调查研究情况

一、调研的整体情况

调研问卷包括：“学生问卷调查（用于发放问卷）”“现代学徒制现状调查提纲（管理人员和教师）”“关于现代学徒制的实践调查提纲（学生访谈提纲）”“现代学徒制实践调查提纲（企业访谈提纲）”等 4 份。分别于 2016 年 6 月至 2016 年 12 月深入调研了四所院校。主要通过与负责人、教师交谈（8 人次）、发放问卷调查（发放 200 份，回收 182 份）、电话调查（6 人）等方式调研，基本完成调研计划。发放问卷数量、调研专业等情况如表 2–1。

表 2–1　发放问卷数量、调研学校专业等情况

学校	发放问卷数量（份数）	回收数量（份数）	性别比例	专业分布	已经参加的实习时长（月）
安徽某学院	30	26	男 18 人，女 8 人	环境工程 15 份（本科），土木工程 11 份（本科）	2~8 个月
江西某职业学院	60	55	男 12 人，女 43 人	商务英语 22 份（专科），酒店管理 16 份（专科），会计 17 份（专科）	2~12 个月
江西某职业学院	60	56	男 38 人，女 18 人	国土资源调查 25 份（专科），工程测量技术专业 17 份（专科），宝玉石鉴定与加工 14 份（专科）	2~12 个月
江西某独立学院	50	45	男 40 人，女 5 人	采矿工程 20 份（本科），矿物加工 9 份（本科），测绘工程 16 份（本科）	0.5~6 个月
合计	200	182	男 108 人，女 74 人	—	—

二、学生问卷调查结果与分析

1. 你是因为该校实行现代学徒制才选择到该校就读的吗？

A. 是　　B. 不是

调查结果显示（见图 2–1），76.5% 学生对学徒制不是很了解，也不作为选择就读院校的依据，表示学校是否开展现代学徒制不是学生择校的主要原因。

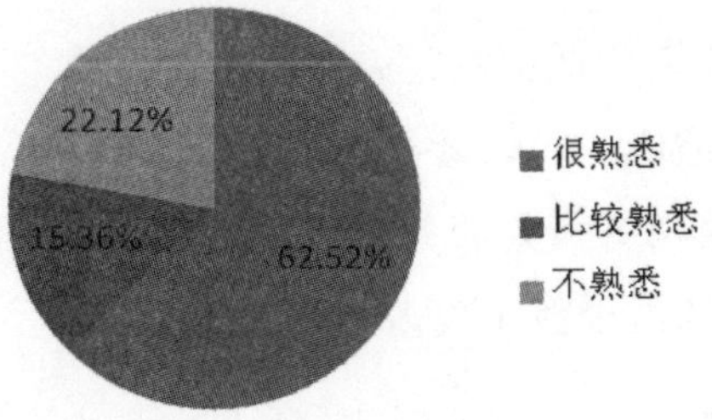

图 2–1　问题 1 的调研统计图

2. 你对将来的就业岗位熟悉吗？

A. 很熟悉　　B. 比较熟悉　　C. 不熟悉

调查结果显示（见图 2–2），大部分学生对未来就业岗位很熟悉（占 62.52%），这对专业的选择很有意义，调查数据如果包括比较熟悉的人数（很熟悉和比较熟悉之和）占到 77.88%，不熟悉的占少数（仅占 22.12%）。

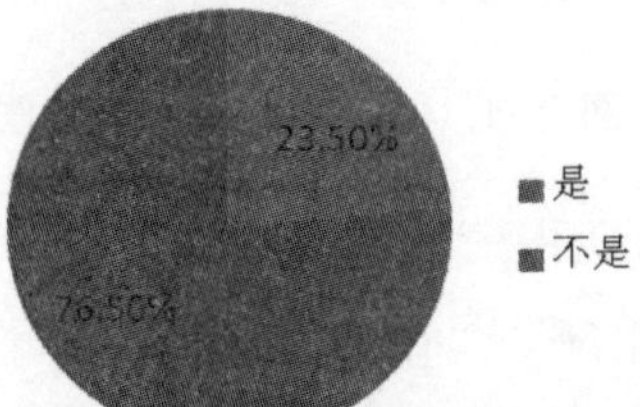

图 2–2　问题 2 的调研统计图

3. 你有没有与企业签订合同？

A. 有　　B. 不知道　　C. 没有

调查结果显示（见图 2–3），大部分学生在校期间没有和企业签订劳动合同，65.78% 的学生没有和企业签订合同。从调查的学校和专业来看，仅有少数学生签订了合同（定向培养或订单培养）。这是因为学校和企业已事先就人才培养达成了订单培养合同或部分学生在企业实习实训期间表现优秀，企业已事先预定了部分学生，这部分学生毕业后可以直接到企业工作。

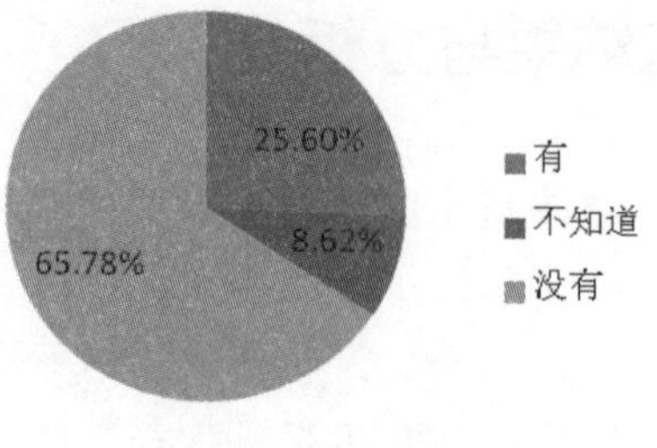

图 2–3　问题 3 的调研统计图

4. 你对企业安排的工作岗位适应吗？

A. 很适应　　B. 比较适应　　C. 不适应

调查结果显示（见图 2–4），大部分学生适应企业安排的实习岗位（很适应和比较适应占到 78.31%），不适应的占少数（仅占 21.69%）。

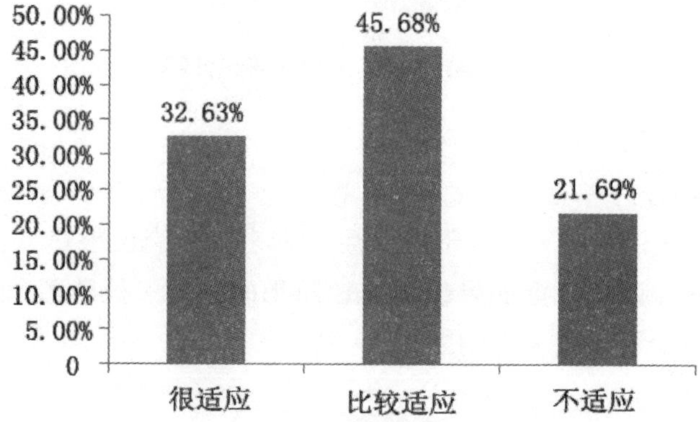

图 2–4　问题 4 的调研统计图

5. 在企业工作时，你有没有获得劳动报酬？

A. 有一定报酬　　B. 没有报酬　　C. 不确定

调查结果显示（见图 2–5），大部分学生实习期间没有报酬，有报酬的占少数（仅占 28.56%），根据访谈情况，认为企业对顶岗实习、长学期实习的学生会发放工资和补助，而短时间实习的岗位不会发放工资或补助，一些企业急需的工种和岗位，企业会发放工资。同时调研过程中的样本容量也会影响调查结果。

6. 在企业学徒时，师傅是怎样指导的？

A. 自己进行操作为主，师傅在旁边教导　　B. 师傅示范操作为主，自己旁观学习

C. 师傅很少指导

调查结果显示（见图 2–6），师傅示范操作的情况多（占 52.52%），自己操作的比例也占不少（占 35.84%），师傅很少指导的情况比较少（占 11.64%），这部分学生一般是跟班操作工学习，承担的工作岗位技术含量也比较低，所以师傅指导的少。

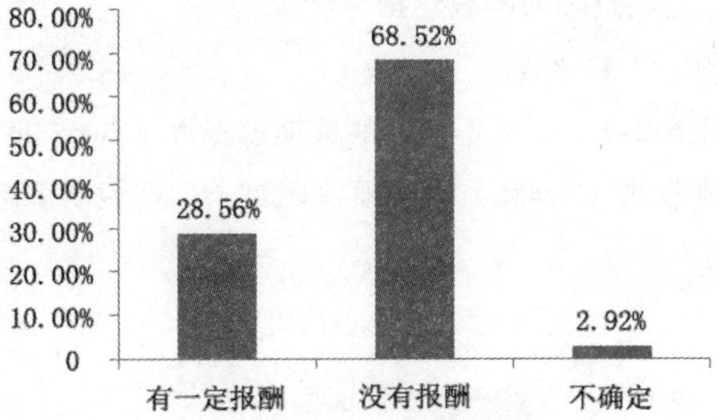

图 2-5　问题 5 的调研统计图

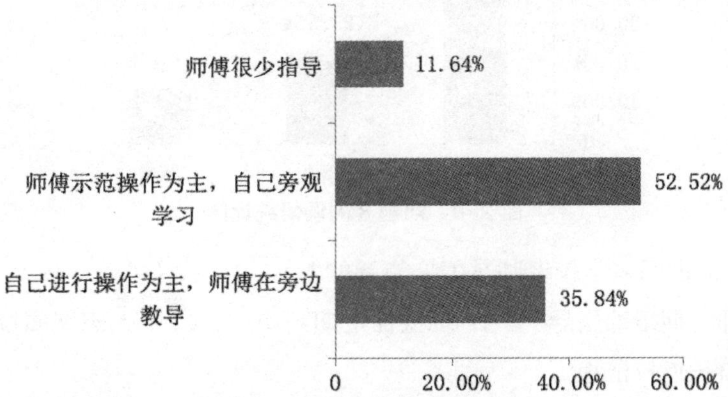

图 2-6　问题 6 的调研统计图

7. 企业师傅教学指导中存在的最大问题是什么？

A. 知识欠缺　　B. 技能不够精湛　　C. 有技术保留，不愿全部教给学生

D. 教学方法不当，无法领会

调查结果显示（见图 2-7），有技术保留，不愿全部教给学生的选项占多数（占 45.26%），教学方法不当，无法领会的占少数（占 5.60%），同时存在知识欠缺（占 12.56%）、技能不够精湛（占 36.58%）等情况。

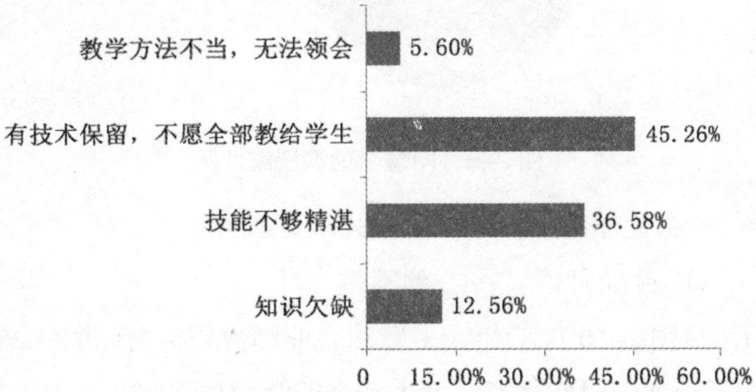

图 2-7　问题 7 的调研统计图

8. 企业是否会向你们调查师傅的教学指导情况?

A. 从不　　B. 偶尔　　C. 经常

调查结果显示（见图 2-8），从不调查的选项占多数（占 62.26%），调查师傅的教学指导情况（偶尔和经常仅占 37.74%）的选项占比较小，这说明多数企业不注重调查师傅的教学指导情况。

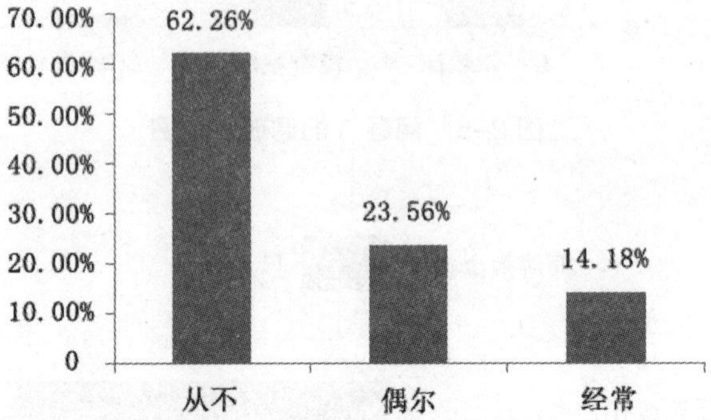

图 2-8　问题 8 的调研统计图

9. 在企业学徒期间，学校老师是怎样指导的?

A. 实习老师定期跟踪指导　　B. 班主任定期到访　　C. 本人定期回校汇报

D. 实习小组长返校汇报

调查结果显示（见图 2-9），实习老师定期跟踪指导的选项占多数（占 45.95%），后面三项选择的较少，分别是班主任定期到访（占 25.68%）；本人定期回校汇报（占 10.65%）；实习小组长返校汇报（占 17.72%）。

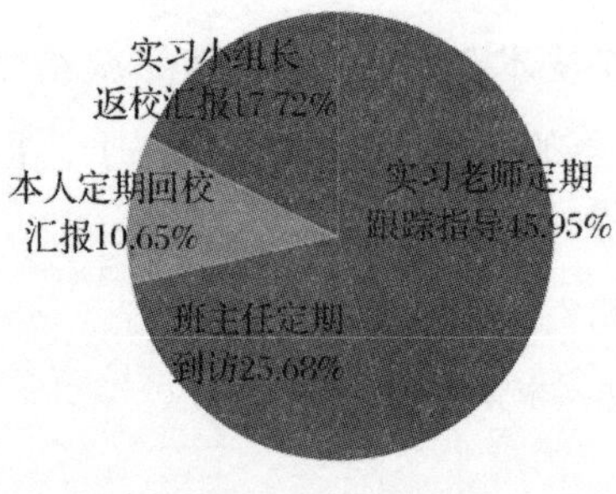

图 2-9　问题 9 的调研统计图

10. 在学校老师和企业师傅中，你与谁的关系更亲密?

A. 学校老师　　B. 企业师傅　　C. 差不多

调查结果显示（见图 2-10），学生大多数和企业师傅较亲密（占 45.28%），调研还发现，这与实习时间有关系，实习时间越长，学生和企业师傅越亲密。

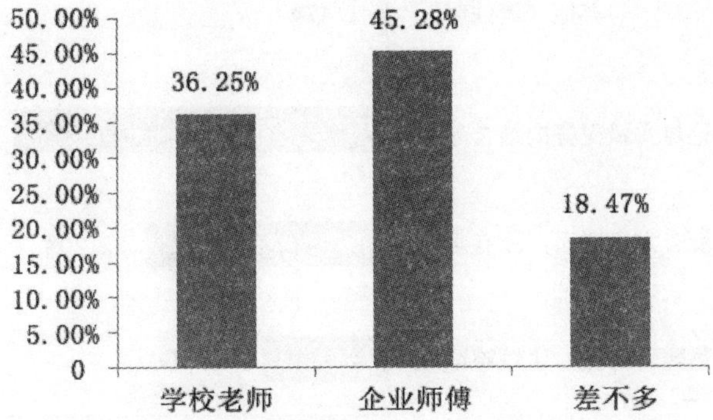

图 2-10　问题 10 的调研统计图

11. 现代学徒制的优势在哪里？（可多选）

A. 企业提供实习机会　B. 提高沟通能力　C. 学校提供更多帮助

D. 毕业后有稳定工作　E. 其他（请注明）

调查结果显示（见图 2-11），企业提供实习机会选项是大多数学生选的（占 62.26%），表明学生更加注重学习技能和锻炼的机会，而不是在校期间就瞄准找工作。其他选项比例都较小。

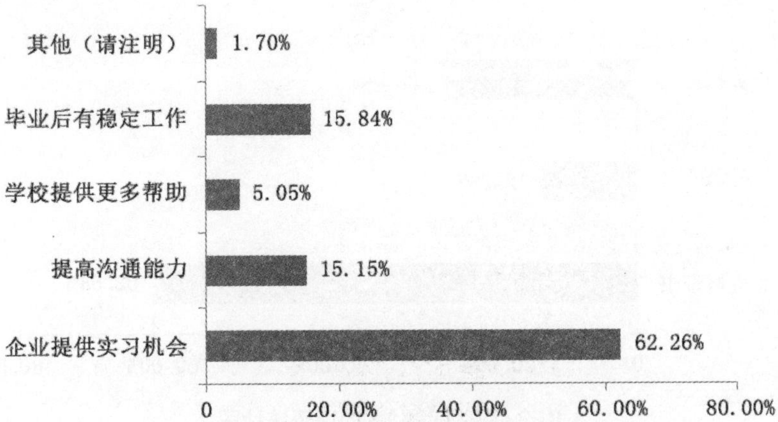

图 2-11　问题 11 的调研统计图

12. 企业实习和学校学习交替进行，对你来说最大的影响是什么？

A. 角色转变过快，比较难适应　B. 两个方面没有太大联系，没有影响

C. 理论与实践更好地结合起来　D. 其他（请注明）

调查结果显示（见图 2-12），理论与实践更好地结合起来选项是大多数学生选的（占 49.53%），表明学生更加注重技能和锻炼，理论与实践相结合，符合现代学徒制开展学习的目标。角色转变过快，比较难适应选项选择的人数较少（占 16.80%），表明大多数学生还是比较适应校企角色转变过程的。

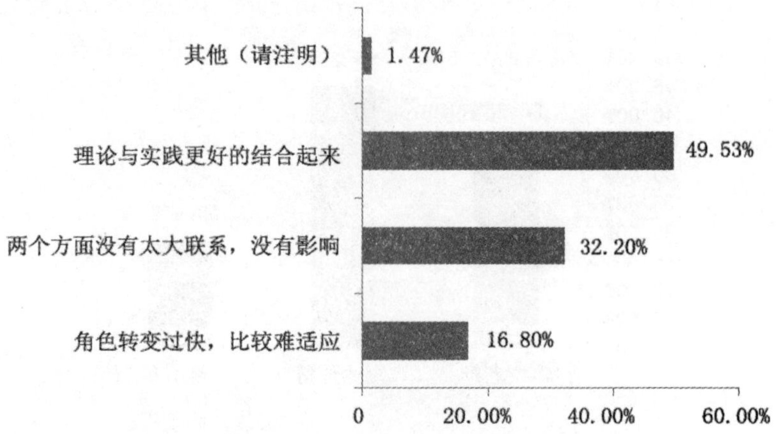

图 2-12　问题 12 的调研统计图

13. 在学校规定的证书中，你希望获得哪个证书？（请选 2 个）

A. 职业资格证书　　B. 英语证书　　C. 计算机证书　　D. 无

调查结果显示（见图 2-13），大多数学生更愿意获得职业资格证书（调研中高职院校选择此项的人数更多），在职业本科院校中，更多的学生选择了英语或计算机证书。

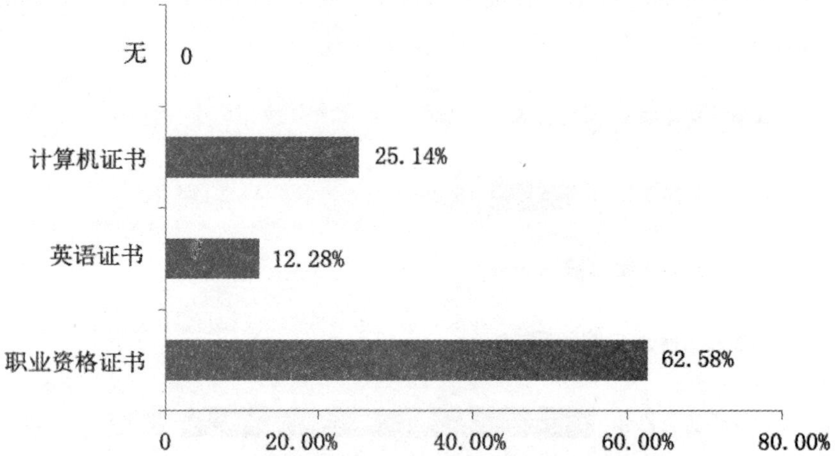

图 2-13　问题 13 的调研统计图

14. 对你来说，从学生向学徒身份转变的最大困难是什么？

A. 专业技能不强，不能直接上岗　　B. 工作氛围与学习氛围差距太大

C. 人际关系处理不好，缺乏社会经验　　D. 其他（请说明）

调查结果显示（见图 2-14），工作氛围与学习氛围差距太大选项获得更多的认同（占到 52.26%），表明学生意识到角色转变的难度；“专业技能不强，不能直接上岗”和“人际关系处理不好，缺乏社会经验”两项选择的人数基本相当，比例都较少。

15. 你对现代学徒制中学校的作用有什么期待？（可多选）

A. 掌握必要的理论知识　　B. 获得学历证书　　C. 进入企业实习，为就业做准备

D. 进入本科或更高学历的跳板　　E. 其他（请说明）

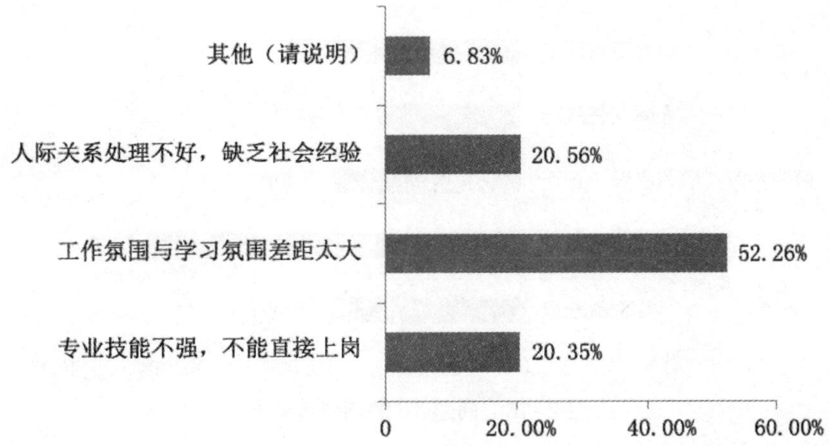

图 2-14　问题 14 的调研统计图

调查结果显示（见图 2-15），“获得学历证书”和“进入企业实习，为就业做准备”两项获得更多学生的认同，学生认为在学校获得学历证书很重要，同时进入企业实习也是学习工作技能的重要方面。其他选项选择的比例更少。

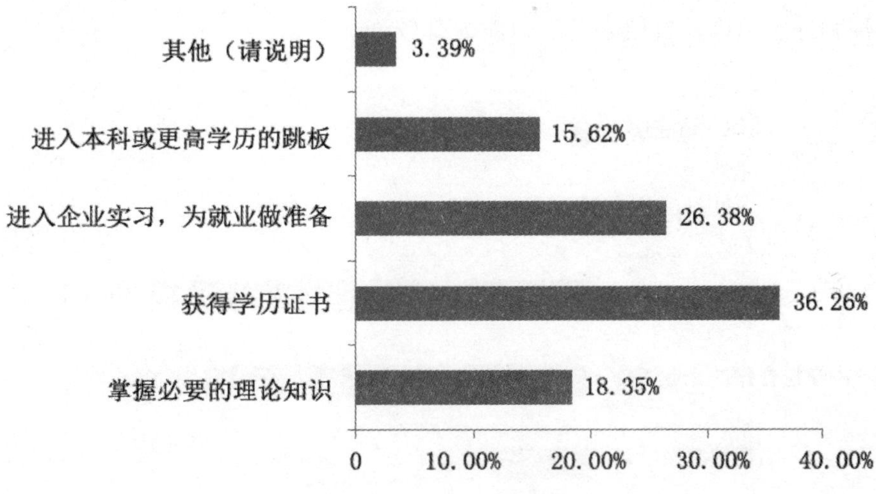

图 2-15　问题 15 的调研统计图

16. 你对现代学徒制中企业有什么期待？（可多选）

A. 优先就业权　　B. 技能提高　　C. 解决实习，顺利拿到毕业证

D. 人际交往技巧　　E. 职业资格证书　　F. 其他（请说明）

调查结果显示（见图 2-16），技能提高和获得职业资格证书两项排在第一和第二位，表明学生进入企业实习更多的是青睐于学习技能和获得职业资格证书。学生对优先就业权、解决实习、人际交往技巧等选项选择的比例较少。

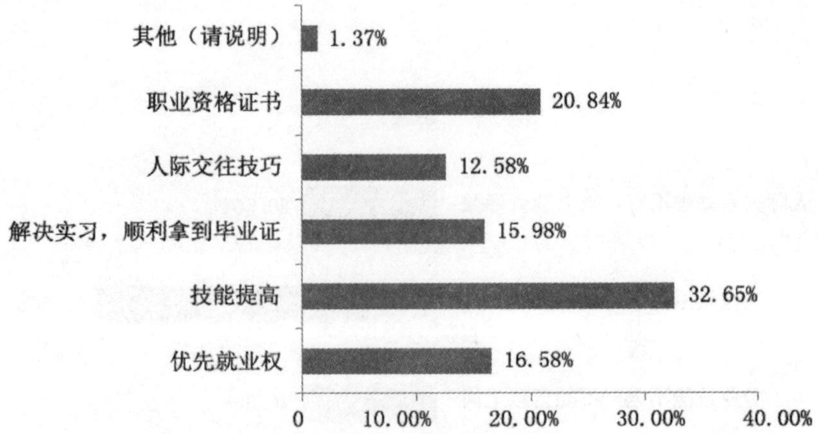

图 2–16　问题 16 的调研统计图

17. 从学校毕业后你有什么打算？

A. 继续深造学习　　B. 在学校合作的企业工作　　C. 到其他企业工作

D. 自己创业　　E. 其他（请注明）

调查结果显示（见图 2–17），到其他企业工作和在学校合作的企业工作两项排在第一和第二位，表明学生更愿意自谋职业或到实习的企业工作。另外还发现选择“到其他企业工作”的学生更多的是看重在校期间实习获得技能而不是实习工作本身，这部分学生更有开拓精神和外向思维，自信心和学习能力都较强。

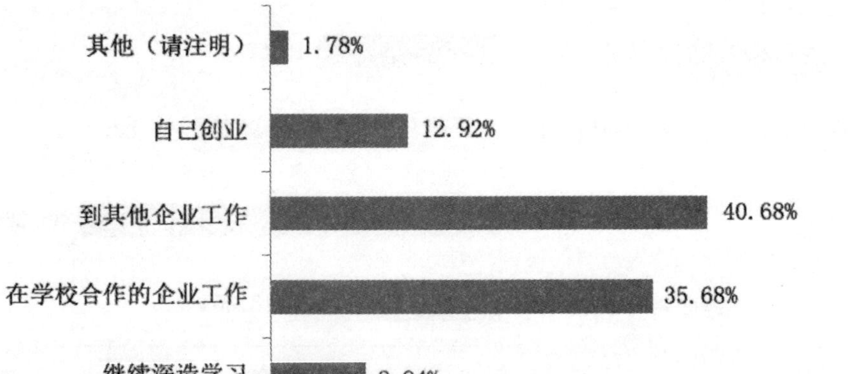

图 2–17　问题 17 的调研统计图

18. 你毕业后如果进入该企业，对你最大影响是什么？

A. 学习时间记入企业员工工龄　　B. 实习企业规模比较大，名誉好

C. 企业相应的福利补助　　D. 在企业的实习使得自己更了解企业业务，有熟悉感

E. 其他（请说明）

调查结果显示（见图 2–18），各选项比例比较平均，学生对实习企业的看法呈现多样化。从调研数据来看“实习企业规模比较大，名誉好”和“在企业的实习使得自己更了解企业

业务，有熟悉感”两项排在靠前位置，但数据比例并不具有优势。

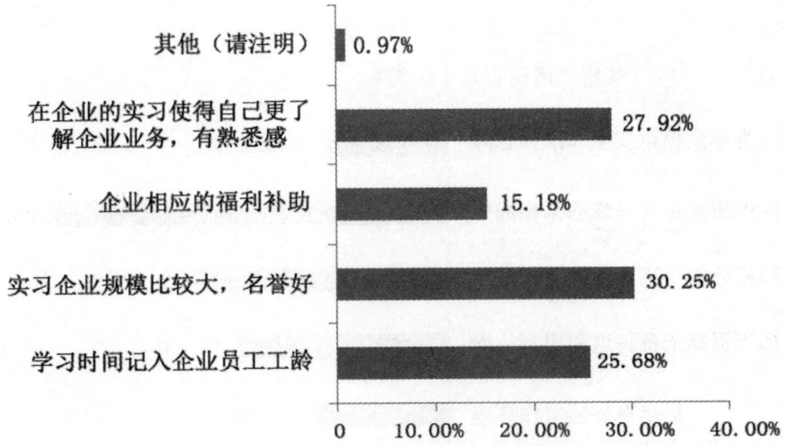

图 2–18　问题 18 的调研统计图

19. 你认为学校教师和企业师傅讲课方式比较，哪个更受大家喜欢？

A. 学校教师　　B. 企业教师　　C. 都喜欢　　D. 都不喜欢

调查结果显示（见图 2–19），企业师傅教学方式更受学生欢迎（占 43.68%），原因是企业师傅讲课的内容更接地气，学生所期待的职业技能更多是企业师傅传授，另外还发现企业师傅传授的技能更多的会影响学生的就业前景和学生对自己职业生涯的判断，有利于激励优秀的学生更刻苦地学习技术技能知识。

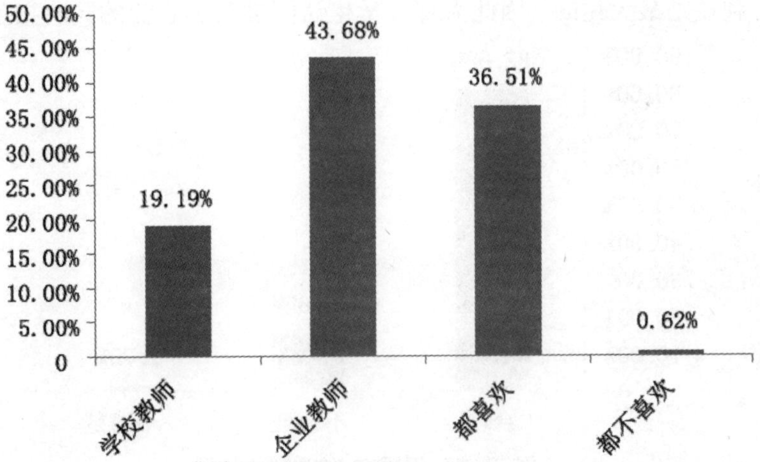

图 2–19　问题 19 的调研统计图

20. 你认为在实习期间，企业更应该加强哪些方面的工作？（可多选）

A. 提供更好的工作环境　　B. 适当提高工资待遇和福利待遇

C. 师傅能给予更多的指导和关照　　D. 提供更多有针对性的工作岗位

E. 为学生提供安全和法律保障　　F. 其他（请说明）

调查结果显示（见图 2–20），“提供更多有针对性的工作岗位（占 35.52%）”和“师傅能给予更多的指导和关照（占 22.47%）”两项排在第一和第二位，表明学生在实习期间更多关注师傅的指导和自身职业技能的提高，对福利待遇和工作环境并不是很在意。

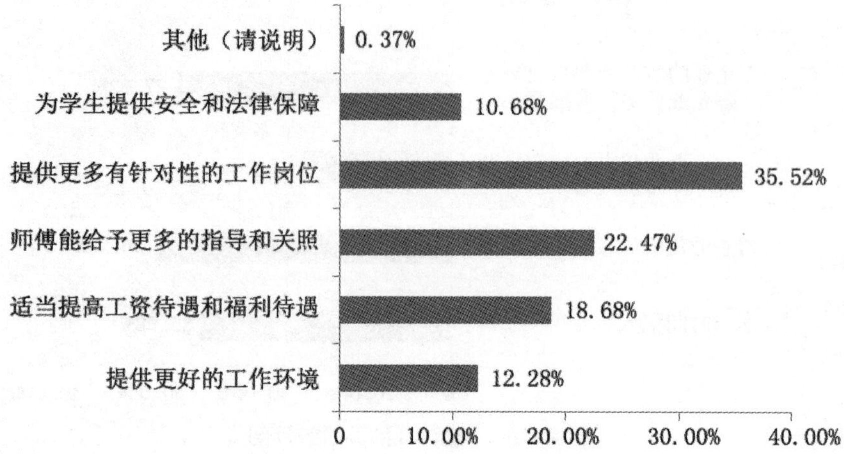

图 2–20　问题 20 的调研统计图

21. 你认为学校和企业的同时招生（招工）做法是否合理？

A. 合理　　B. 不合理　　C. 不清楚

调查结果显示（见图 2–21），大部分学生认同招生与招工一体化的做法，即可以作为学生入校学习，同时也可以入职成为员工，意味着同时解决了“学历、福利、经历和资历”的问题，不管从学生自身的学习、就业，还是从学校和企业的招生与招工来说都是双赢，对学生的自身利益是最大化的。因此大部分学生认同学校和企业的同时招生（招工）做法。

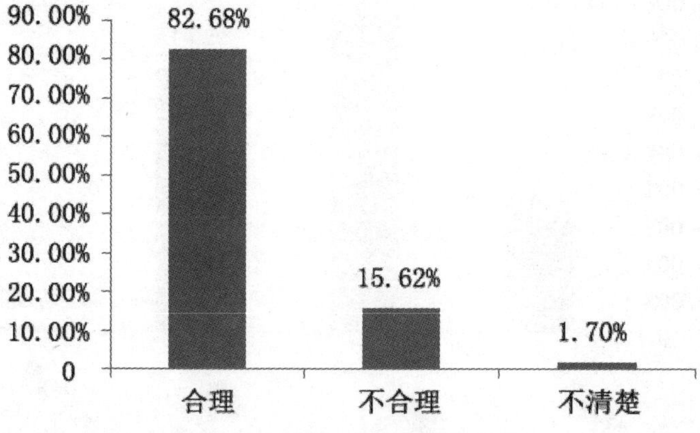

图 2–21　问题 21 的调研统计图

22. 你认为校企双重考核，对你最大的影响是什么？

A. 学习到的知识和技能更丰富　　B. 来自于两方的双重压力

C. 考核过于频繁，比较难适应　　D. 毕业要求更高　　E. 其他（请说明）

调查结果显示（见图 2–22），大部分学生认同校企的双重考核，“学习到的知识和技能更丰富”选项比例占据 42.51%。“来自于两方的双重压力”也被多数学生选择，表明校企双重考核的压力是较大范围存在的。其他选项较少。

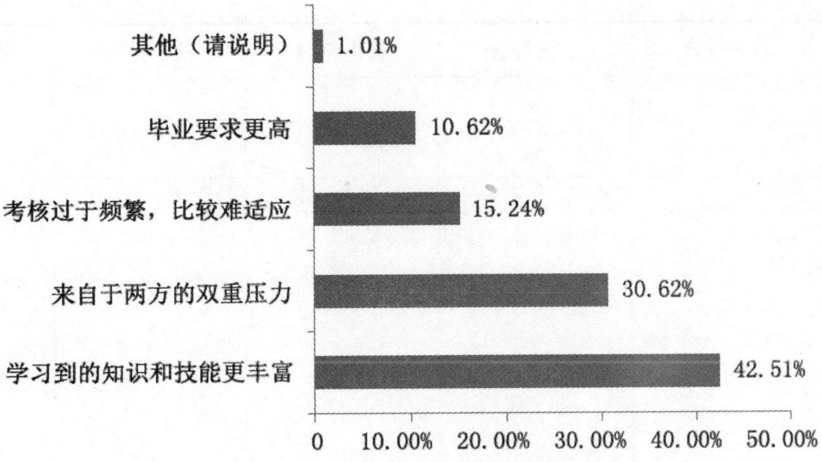

图 2-22　问题 22 的调研统计图

23. 你认为技能知识的提高更多来自于？

A. 学校　　B. 企业　　C. 自学　　D. 其他（请注明）

调查结果显示（见图 2-23），“企业”更多的提供了技能知识的学习，占 75.29%。同时注意到“自学”选项比例很少，占 2.52%，表明大部分学生不认为通过自学可以学到专业的技能知识。

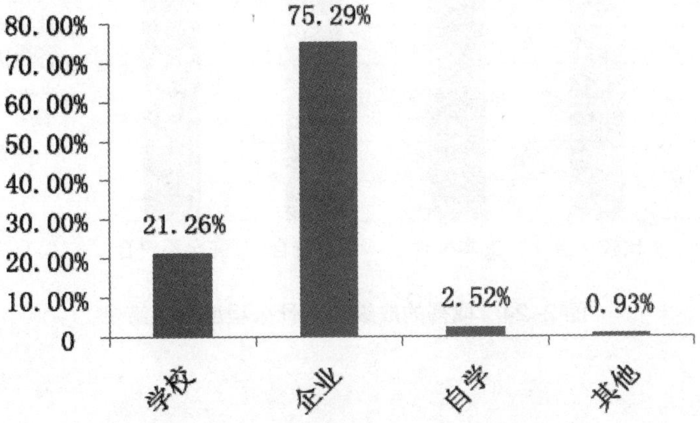

图 2-23　问题 23 的调研统计图

24. 在企业实习期间，所取得的成绩达到什么程度，请选择最符合您个人情况的选项。

调查结果示例如图 2-24，可参照表 2-2 的设计进行调查统计。

本章节特别感谢四所院校调研过程中的主要部门负责人和教师，尤其感谢参与调研过程以及为调研提供联络帮助的袁老师、金老师、丁老师、胡老师。

表 2–2　企业实习效果统计表

	非常符合	比较符合	基本符合	较不符合	完全不符合
专业知识已较好的掌握					
合作沟通能力得到提高					
理论充分应用到实践中					
对未来的就业充满希望					
组织管理能力得到提高					

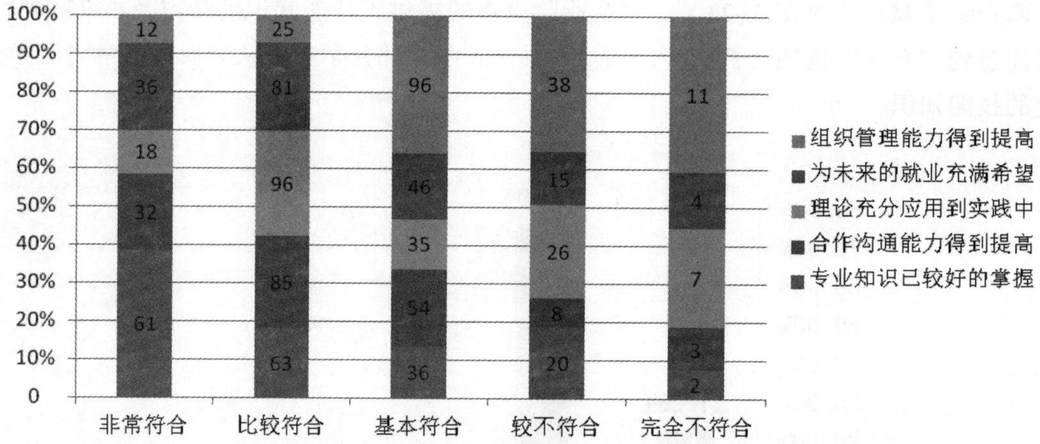

图 2–24　取得的成绩达到什么程度调查结果

第三章　我国学徒制发展和认知学徒制教学

一、我国学徒制发展的历史沿革

（一）新中国成立前的传统学徒制

自从人类社会有了生产活动，其生产经验和生产技能就需要传承，父教子就是当时的主要传承方式，这也是学徒制的最初形态。随着手工业生产规模的扩大和工场手工业的出现，自给自足的家庭手工业出现了分化，为了生存和竞争，手工业者不能仅靠个人和子女的力量来完成工作，必须要把技艺传授给家族以外的成员，以保持足够数量的生产者来满足手工业扩大的需要，自给自足的家庭手工业发展到以雇佣关系为特征的手工工场。职业技能传授逐渐延伸到家族范围以外，发展成为以契约式为基础的师徒分工合作的模式。随着商品经济的发展和行会组织的兴起，学徒训练开始与行会结合，想进入某一行业，需要加入行业组织，接受行业的学徒训练，行会对学徒的准入进行严格规定，行会成员也是行业里的师傅，师傅对徒弟传授技艺的过程也是在作坊里生产的过程。

这一时期的学徒制大致呈现以下的特点：学徒是要有人保荐的，并且要有严格的拜师礼；教育效率不高，由于是个别教学，师傅带的徒弟数量是有限制的，且学徒学完所有流程要花很长的时间，学徒的学习期至少是 3 年，在最初的学徒期都是先为师父干些杂活，基本在一年之后师父才开始传授技艺，这不适合大规模技能人才的培养；采用的主要方式是口传身授，师傅不仅让徒弟机械重复操作训练，还重视个人积累的技术经验的传授，师傅通过具体实例以及通俗的语言说明操作规范，徒弟则边看、边做、边学来习得技能；师傅与徒弟之间是一种不平等的剥削关系，雇主以师傅身份向学徒传授技艺，学徒整天为雇主劳动服务，一般报酬很少，或只给生活费用，学徒的合法权利无法受到保护。

（二）新中国成立后的半工半读制

新中国成立后，我国对学徒制进行全面改造，去除了学徒制中的剥削成分，保障学徒的基本权利。1957 年出台的《国务院关于国营、公私合营、合作社营、个体经营的企业和事业单位的学徒的学习期限和生活补贴的暂行规定》（以下简称《规定》）中提出：学徒由所在单位按月发放生活补贴；师徒之间应订立合同，写明学习期限、内容、待遇、双方的权利和义务；在学徒期内，师徒之间应该发扬尊师爱徒和互助合作的精神。《规定》颁布的第二年，学徒制与学校教育相结合的半工半读学校产生了。1958 年 5 月天津国棉一厂创办了全国第一所半工半读学校，首期招收了51名4级工以上的老工人入校。同年5月刘少奇同志在中共中央政治局扩大会议上提出要实行“两种教育制度、两种劳动制度”。一种是现在的全日制的学校教育制度和现代的工厂里面、机关里面八小时工作的劳动制度;另一种是与之并行的半工半读的学校教育制度和半工半读的劳动制度。此后，半工半读教育实验迅速在国内铺开，各地陆续兴起创办半工半读学校的高潮。但在1959年以后，我国国民经济连续发生了严重困难，教育事业也一度受挫，这类半工半读学校办学出现了停顿。1964年起，国民经济逐渐恢复，并总结了前一阶段的经验教训，学校办学质量得到新的提高。截止到1965年年底，我国半工农半读学校共有7294所，拥有在校生126.6万多人。1966年后，“两种教育制度”和“两种劳动制度”受到批判，半工半读学校几乎全部被撤销。

半工半读学校多由工矿企业主办，主要有三种形式：一种是有丰富生产经验的4级工以上和高小毕业以上文化水平的老技术工人参加的半工半读班，实行“四四制”（劳动与学习各占四小时）；一种是一般职工参加的半工半读学校，实行“六二制”（六小时劳动，两小时学习）“七一制”（七小时劳动，一小时学习）；一种是招收初中（或小学）毕业生参加的徒工培训或中等专业学校、技工学校，利用企业招工指标招生，学生由企业发给生活补贴，学习与生产并重，实行“四四制”，学习内容与生产劳动密切结合。举办半工半读学校的目的在于使青年们边读书边劳动，迅速地提高政治、文化和技术水平，既能多快好省地培养训练大批社会主义建设的新型劳动者，又能促进工农业生产的发展。半工半读教育是一种教育与生产劳动紧密结合的新型教育制度，是对资产阶级教育思想的批判，它解决了学校教育脱离生产、脱离实际等一系列问题，探索出了一条从当时国情出发、有中国特色的职业教育发展道路。在我国教育史上是一个创举，它促进了教育事业的发展，适应了二十世纪五六十年代我国经济发展水平和要求。

（三）改革开放后学徒制发展

由于学徒制在技能型人才培养中有着独特的优势，改革开放后，在面临着人力资源紧缺的情况下，学徒制重新引起了党和国家领导人的重视。1981年5月，国家劳动总局出台的《关于加强和改进学徒培训工作的意见》（以下简称《意见》）中认为：从我国国情出发，在一定时期内，学徒培训仍是培训新技术工人的一种重要方式，并对学徒的准入条件、学习期限、培养目标、组织管理和考核等进行了规定。《意见》实施后，在一些地区开始试行变招工为招生的改革试点，推动学徒制度的改革。1989年3月劳动部下发的《关于印发〈学徒培训制度改革座谈会纪要〉的通知》中提出了学徒制改革的方向：“应该逐步实行学校（培训中心）和企业相结合培训学徒工的方法，既可利用企业生产现场，加强学徒的实际操作技能的训练，又可利用学校（培训中心）课堂教学，加强学徒的专业技术理论知识学习。”这标志着我国以企业为主体的学徒教育制度的终结。同时，国家开展教育体制改革，实行职业教育分流，中等职业教育得到大力发展，职业学校的招生比例与普通高等中学的招生已接近1:1，以企业为主的学徒制被以学校为主体的职业教育代替。

这一阶段学徒制由企业为主，转向以学校为主的人才培养模式。这是因为改革开放以来，随着市场经济的发展和企业的改制，企业的用工制度从计划经济体制下的“国家分配”逐渐改为企业面向市场招聘人才，企业有招聘解雇员工的自主权，员工流动性加强，再加上职业学校的蓬勃发展，企业可以面向市场招聘高素质的劳动者，规避“企业办学校”的弊端。在日益激烈的市场竞争中，企业忙于扩大生产和争创市场，而培训员工的积极性大大减弱，企业的培训职能逐步被剥离。以学校为本的职业教育为我国培养了数以万计的高素质劳动者和技能人才，顺应了我国经济和社会高速发展的需要。学校为本的职业教育固然有着传统学徒制所没有的批量人才培养的优势，但职业院校存在的重理论轻实践的弊端还是显现了出来。而且由于我国经济发展方式的转变和产业结构的调整升级，学校教育滞后于经济社会发展，职业院校培养的人才已不能很好地满足行业企业对岗位技术技能型人才的需求，因此产教深度融合、协同育人理念的提出就成了必然，成为政府、广大职业院校的实践。在此背景下，现代学徒制的提出和探索是我国职业教育发展的必然趋势。

1. 现代学徒制内涵

现代学徒制是学校与企业合作，以师带徒强化实践教学的一种人才培养模式。“学徒制”是一种在实际工作过程中以师傅的言传身教为主要形式的职业技能传授形式，通俗地说就是“手把手”地教，这是传统意义上的学徒制的界定。一般认为制度化的学徒制出现在中世纪，“学徒制”一词始用于13世纪前后。现代学徒制的“现代性”是相对于“传统”而言的。各国自有手工业生产开始，便逐步形成了本国特有的“学徒制”。由掌握某类技艺和经验的“师父”直接将技术手把手传授给“徒弟”，这也就是早期的职业教育雏形。由于政治经济和宗教文化等的影响，各国的学徒制在后期发展时分别呈现出不同的文化特色。因此，各国对于现代学徒制的界定也不尽相同。例如澳大利亚以“TAFE”为基础的新学徒制、英国的“青年训练计划（YTS）”等等，他们都寻求到了本国职业教育发展与传统学徒制的最佳结合点，作用于职业教育和培训。因此，现代学徒制可以说是学校职业教育与传统学徒制良好结合的产物，与传统学徒制相比较，它获得了政府的支持和法律保障，并具有产教结合的培训方式。

在我国，现代学徒制的提出是在2011年，是基于培养具有必要理论知识和较强实践技能的高素质、技能型专门人才的培养目标，职业院校与用人单位在政府的引导下通力合作，在实践教学环节中主要采用“师父带徒弟”的形式来培养人才。“学徒制”指以师傅带徒工为主要形式，以某行业或职业的知识技能学习为内容，徒工可因劳动获得某种形式回报的职业教育形态。工业革命使得传统的学徒制无法适应社会对技术技能型人才的大规模需要，学校职业教育由此飞速发展并占据了职业教育的主要舞台。但学校职业教育与工作世界的脱离以及职业教育课程“学问化”等一些根本性问题，不可避免地使学校职业教育越来越受到企业界、教育界以及学生的质疑。与此同时，人们在研究德国战后经济迅速腾飞的原因时发现，其制胜的秘密武器之一，就是以“双元制”为特色的职业教育体系。而“双元制”恰恰是一种将学校本位教育与工作本位培训紧密结合的新的学徒制形态。

在这个大背景下，各国纷纷开始研究和效仿德国“双元制”来发展本国的职业教育。1983年，位于瑞士巴塞尔的社会政治学协会最早提出了将学校教育和实际工作相结合的新型学徒制模式。20 世纪 80 年代末，西欧各国纷纷改革学徒制，相关立法、政策和项目层出不穷。英国于 1993 年推行现代学徒制，澳大利亚在 1996 年推行新学徒制，美国和加拿大也从 1990 年开始进行学徒制改革实践。由此，学徒制以全新的面貌获得了发展。

2. 现代学徒制度的内涵

所谓现代学徒制，是西方有关国家实施的将传统学徒培训方式与现代学校教育相结合的一种“学校与企业合作式的职业教育制度”，是对传统学徒制的发展。从广泛意义上看，二战后出现的以德国“双元制”、英国“现代学徒制”、澳大利亚“新学徒制”等为典型，适应教学内容，充分地凸显了高职教育的“职业性”属性，较好地实现了教育的外在价值。但是，高等职业教育不应是“应职教育”。近些年，高职院校在办学实践中过多地强调社会需求，过分地强调了职业岗位对人的需求，而忽视了学生自我发展、自我完善的需求；较多地关注了教育的外在价值，忽视了教育的内在价值，一定程度上造成职业教育的畸形发展。所以，在实现高职教育“职业性”的同时，我们必须关注高职教育的“高等性”，应在凸显高职教育“职业性”而实现教育外在价值的同时不失其“高等性”，从而实现教育的内在价值。因此，必须赋予现代学徒制新的内涵，核心思想是回归教育本质，以人为本，重视人的全面发展和可持续发展，兼顾社会需求和人的自我发展需求，这是高职教育的内在价值所在。高职教育内、外价值的整体实现，形成高职院校特有的带有地方或行业烙印、融入先进行业企业的文化特质，这是“跨界”教育特有的文化特质，工学结合人才培养模式则是这一文化特质的集中体现，而现代学徒制是工学结合人才培养模式创新的一个典型范式。

现代学徒制不仅从机制体制上对工学结合人才培养模式进行了变革，而且将人文素养、职业素养养成贯穿于高技能人才的培养过程。它关注学生个性化的发展，培养过程遵循针对性、适应性和发展性相融合，具有较强的个人价值取向，更加符合人的发展需求。现代学徒制以职业为导向，通过系统设计，把以课堂教学为主的学校教育与直接获取实际经验的校外工作有机结合，体现了“以学生为本”的人才培养观。理论和实践的系统贯穿以及学习和工作的相互交替，有针对性地让学生走出校门，到真实的工作岗位去实践，到实际工作中去磨炼，不仅有效地培养了学生综合职业能力和职业素养，而且提供了学生环境适应能力养成的机会，有利于激发学生的职业理想，促进学生职业生涯的发展。现代学徒制作为工学结合人才培养模式的深化，其内在的逻辑体系和运作流程蕴含着丰富的职业教育思想，具有深刻的教育价值。这种“工”与“学”的交替、将工作与学习相融合的教育模式的建构和发展，使高职院校面向整个社会统筹教育资源，通过职业教育思想的确立、教学理念的变革、课程体系的重构、教学模式的变化、校内外基地功能的拓展、教学团队的结构优化、多元评价体系的完善、学生专业能力和职业能力的协同发展，进一步丰富了高职教育的内涵，有效地实现了高职教育的实践性、职业性和开放性。这是新形势下高职教育本质特征赋予现代学徒制的新内涵。

3. 现代学徒制与传统师带徒的区别

传统师带徒模式在传授内容上多以师傅个人经验为主，强调技术的掌握，忽视知识、原理的学习；教法上以示范、模仿为主，强调个人领悟；评价上偏重结果评价，忽视过程评价；培养目标上以掌握单一技术为目标，忽略职业的变化。

现代学徒制模式在传授内容上由学校与企业共同研讨，注重行业标准与教学标准的对接，教师与企业师傅共同确定教学内容，注重理论与技能的深度融合，在书本理论与技能实践中互相印证促进学习；教学上企业师傅与学校教师“双导师”互补，适应学生不同需要；评价上结果与过程并重，学分与弹性学制并用，追求“双证融通”；培养目标上以职业需求为导向，追求学生职业能力的提高。

因此，现代学徒制的“现代”二字，不仅仅是因为一个时间概念，而且是一种教育概念。它体现在六个方面：

（1）对“人”的重视。现代学徒制更加关注人的发展和需要，以职业为导向，关注人的职业发展和职业能力，关注人的可持续发展。

（2）对“企业”的重视。这种模式具有理解企业，尊重企业的特点，满足企业合理需要，使企业不再被动选人，提高企业参与度，更好地服务企业的可持续发展。

（3）对“学校”功能的重置。职业学校应当服务于学生，保障他们的健康成长；服务于企业，理解和尊重他们的合法利益诉求；服务于社会，维护社会经济的健康发展。

（4）对“政府”管理功能的定位：政府应当订立规则、确定标准，确定规范的主体；政府应当依法行政，不越界，不随便干预企业和学校的合法教育教学行为；政府应当发挥治理职能搭建桥梁，促进校企之间沟通，协调校企资源，服务行业企业和社会公众。

（5）对“人才培养模式”的创新。由单一走向复合（单一内容到综合职业能力），由孤立走向合作（企业、学校孤立培养到合作培养学生）。

（6）“管理和教学手段”现代化。为强化沟通协调，学校必须运用现代信息技术手段，改进教学手段和方法，促进教学与管理的科学、高效。

现代学徒制比传统育人模式更具育人优势。第一，现代学徒制在教学上采用“做中学”“学中做”“做中教”“教中做”的且疑且学，且学且疑的教学方式，学生的兴趣更高，学习效率更优，更受学生喜欢。第二，学生的身份随着学段和技术水平在不断发生变化，“新学生”“准员工”这两种身份互相重叠，在企业工龄照算。学生不误读书，不误上班，进校即进企业，家长更放心也更加满意。第三，就企业方来说，有了“新学徒”“新员工”，人力资源的来源变得更加丰富，人才储备变得厚实，企业人力资源成本得到了降低，获得可持续的人力资源后，企业效益可以得到一定的保障。第四，对于学校教师来说，现代学徒制也是一种新的教师成长途径。随着人才培养方案的变化，课程体系、教学人员、教学组织形式、教学环境等都在发生变化，“新课程”，“新教学”，专兼融合，师资得到确保，教学内容得到优化，教育质量更加优质，教师的成长渠道和学习途径也大大拓展，教师可以获得更好的发展。

二、传统学徒制与现代学徒制的发展历程及特征

（一）传统学徒制的发展历程及特征

学徒制教学通常是在实际生产过程中师徒共同劳动，徒弟在师傅的指导和影响下习得知识或技能的过程。中国的学徒制兴起于奴隶社会，发展完善于封建社会。隋唐官营手工业作坊的发展，促进了学徒制的完善，从中央政府到地方政府机构中都设有的官营手工业作坊均采用学徒制的教育形式。西方的学徒制则起源于中世纪，随着生产规模扩大，业主逐步对外招收除儿子以外的学徒，以解决劳动力不足的问题，于是以父子关系为基础的学徒制开始转向以契约形式为基础的师徒分工合作生产模式。随着行会的出现，原来的学徒制职业教育不再是分散无组织的，在 13 世纪中期到 15 世纪中期，学徒制逐渐从私人性质的制度过渡到公共性质的制度。

随着工业革命的兴起，机器大工业代替了传统的人力手工制造。旧的学徒制已经不适应甚至阻碍了规模化的集体生产，生产方式的改变要求劳动培养形式的改变。从 19 世纪开始，大规模的班级授课制逐渐取代了传统学徒制，成为每个人求知和成长的必由之路。传统学徒制作为一种特有的职业教育形式，在其发展过程中逐步形成了以下特点：

（1）培养时间比较长。传统学徒制属于个别教育，学徒大多在完全自然的工作过程中随机学习，学徒期特别长，教育效率低下。

（2）传统学徒制是全程教育。师傅在培训徒弟的过程中负有全面教育责任，包括传授职业知识和技能，读写、算等文化知识教育及思想品德等。

（3）学习的方式是在现场亲自动手操作。徒弟在现场了解生产基本情况后，可以帮着师傅做一些简单的辅助活计，在熟悉基本工序后，便可以在师傅的指导下进行系统的操作，并过渡到独立工作。

（4）师徒之间关系亲密。无论在西方还是在中国，学徒制早期都是父子传授，然后过渡到师傅收养儿子做徒弟，这难免保留着父子般的亲密感情。

（5）以职业实践为中心来组织教学内容。师傅不仅让徒弟机械重复操作，还重视技术经验的传授。师傅通过具体实例说明行业规范，学生不重视学历，只注重其就业价值。

（二）现代学徒制的发展历程及特征

工业革命是传统师徒制由盛到衰的转折点。西方国家自 18 世纪下半叶到二战后，学徒制发展始终处于低迷、衰微的状态。进入 20 世纪 90 年代以后，以英国和澳大利亚等国为代表的西方发达国家，在吸收传统学徒制的优点并融合现代学校职业教育优势的基础上，创造了现代学徒制。英国政府鼓励企业主恢复和重振他们的学徒制培训，促进和推动各行业尤其是先前没有学徒制培训的领域发展学徒制培训。英国于 1993 年正式宣布实施“现代学徒制”计划。到 1995 年，此计划在全国 54 个行业部门被普及推广。英国的现代学徒制面向 25 岁以下的青年，分为两个培训层次：面向 16 ~ 19 岁中学毕业的基础现代学徒制，

培训合格后获取 NVQ 二级水平资格证书；面向其他青年和取得 NVQ 二级证书的高级现代学徒制，培训合格后获取 NVQ 三级水平资格证书。现代学徒制旨在提高 16 ~ 24 岁的青年人在技术、管理和手工艺等方面的水平，并帮助他们获取国家职业资格（NVQ3）。澳大利亚于 1998 年 1 月 1 日开始实行新学徒培训制，并逐步取代传统的学徒制。新学徒制的培训项目和依据标准是澳大利亚全国统一的职业资格框架（Australian Qualification Framework）和在资格框架下的培训包（Training Package）。所有的“新学徒培训制”培训项目授予的学历都与澳大利亚学历资格框架中规定的学历相吻合。新学徒制中，学徒在职业学校的学习主要由澳大利亚各州和地区内的技术与继续教育学院（TAFE）承担，也可以在其他提供职业教育与培训的学校和场所完成。现代学徒制是职业学校教育与传统学徒制良好结合的产物，其主要特点为：

（1）产教结合的培训方式。在现代学徒制中，实行企业和学校结合交替式培养模式：约 2/3~1/2 的时间在企业接受培训，约 1/3~1/2 的时间在职业学校学习。学生具备双重身份：在学校是学生，在企业是学徒工。企业中的实践与职业教育中的理论学习密切结合。学徒每周 1~2 天在职业学校学习理论知识，4~5 天在企业实践学习，理论课与实践课课时之比约为 3:7 或 2:8。

（2）政府的大力支持。西方现代学徒制受到政府高度重视，许多国家专门成立了实施师徒制的监管机构，如英国的学习与技能委员会，并在地方设立了若干分支机构保证培训方、雇主、学徒规范化地实施师徒制。政府向培训机构、雇佣企业提供补助和培训经费，学徒在培训机构接受免费的脱产学习，在企业实习获得相应的工资报酬。

（3）强大的法律保障。各国就自身的学徒制培训，分别制定了相应的培训法，对学徒与企业、培训机构做出法律约束，确定了学徒制的法律地位，保障其顺畅发展。

三、传统学徒制与现代学徒制的比较

（一）相同点

1. 以职业实践为中心组织教育内容

现代学徒制和传统师徒制都寓教学于工作之中，通过工作的完成获得经验技能，学徒从掌握相对简单的技能开始，由简入难，最终掌握全套制作工艺。学徒在工作中重点强调亲自动手操作，在实践中逐步掌握技术要领。师傅在整个过程中起着演示、指导、修正的作用。徒弟跟随师傅参与日常工作，先观摩师傅的做法，然后自己尝试做，并由师傅手把手指点，直到学会为止。

2. 严格的技术训练

无论是传统学徒制还是现代学徒制，所要求的技能复杂程度和技能熟练程度都比较高。现代学徒制沿袭中世纪学徒制师傅带徒弟的方式，由工厂派遣技术熟练的师傅对学生进行技术指导和监督，在训练过程中，师傅对徒弟要求非常严格，如果学徒不努力，企业可以解除和他的培训合同。整个职业技术训练的时间也很长。英国的学徒大约60%的时间要在工厂或者在学校接受技术培训，学徒必须要参加一系列的学术与理论考试，合格者才能获得毕业文凭。

3. 注重能力的培养

现代学徒模式和传统学徒制一样以能力为本位，注重人的发展，强调将学生置身于实际工作场景中，通过深刻的理解和刻意的模仿，培养学徒选择和应用信息和知识的能力及实践能力。通过在操作中提出质疑，使学徒共同完成复杂程序中的分工协作。尤其是操作中偶尔的突发奇想，有时对操作程序与方法的反思和改进，更是培养了学生的创业能力和创新能力，所有这些都是注重了人的发展。

（二）差异性

1. 学习结果好坏的评价标准不同

现代学徒制的学徒培训与国家职业资格认证相结合。现代师徒制通常以职业资格证书的考核作为对培训成果的检验，它要求经过一段时间培训后必须通过相应的资格考试。如在英国，完成基础现代师徒制培训后应获得 NVQ2 级证书，完成高级现代师徒制的培训后应获得 NVQ3 级证书。证书成为评价培训结果的标准，保证了培训的完整性和实效性。而传统学徒制的评价标准是以掌握技能的熟练程度来判断。

2. 学习的方式不同

在现代学徒制中，企业已作为学徒培训体系的一个纬度，参与到技术培训中。一方面，企业为训练提供技术熟练的师傅，指导和监督学徒的技术训练。另一方面，企业要投入大量资金以提供足够先进的生产设备和实际训练所需的原材料，以供学徒实践学习所用。在现代学徒制中，学徒的学习是在企业中实训和课堂上学习的有机结合；而在传统学徒制中，徒弟是在师傅指导下亲身实践。

3. 学习的知识类型不同

在传统的学徒制中，完成所学任务的步骤通常是易于观察的，学徒们学到的知识以隐性知识为主，然而在现代学徒制中，必须使思考过程变得更加明显。现代学徒制中，学徒是以学习隐性知识为主，显形知识为辅。由于学习内容嵌在具有真实国界特征（包括科学的、技术的、时间的和学习动机的特征）的学习环境之中，技能的完善与社会的激励是被整合在一起的，这有助于激励学生学习的动机，并奠定扎实的学习基础。

四、我国现代学徒制的比较研究

有学者将新中国学徒制分为三个阶段：一是生产现场的学徒制（1949 年至改革开放），二是学徒制向职业学校教育的过渡阶段（20 世纪 80 年代至 90 年代初），三是正式学徒制消失与非正式学徒制存在阶段（20 世纪 90 年代至今）。学者们多对现代学徒制与传统学徒制的特性进行研究。

首先表现在“现代性”。例如关晶、石伟平在《现代学徒制之“现代性”辨析》中，从现代学徒制的渊源、内涵、“现代性”的基本特征、反思与启示四个部分，辨析了现代学徒制的“现代性”。他们认为“现代性”表现在教育功能上是从重视生产性到重视教育性；从教育性质上看，“现代性”表现在从狭隘的就业培训到职业培训、从终结教育到终身教育；从制度规范上来看，“现代性”表现在从行会到国家；从利益相关者机制来看，“现代性”表现在从企业培训到跨部门合作，并且有培训合同；从教学组织来看，“现代性”表现在从非结构化到结构化，不仅有教学团队，还有多元教学场地。徐国庆认为高职教育发展现代学徒制的策略，应当从对现代学徒制的现代性分析中去寻求。其现代性主要体现在师徒关系的现代化、面向产业的现代化、指导方式的现代化与培养标准的现代化。由此构建的策略主要包括，通过制度构建具有公共性的师徒关系，根据现代产业的特点进行学徒训练内容开发与机制构建，对师傅的指导能力进行专业化训练，以及开发具有统一性、权威性的学徒训练标准。

其次是国际性。现代学徒制并不是来源于中国，它是一个外来词，最早由英国提出。英国1993年制订了“现代学徒计划”，发展了现代学徒制，既继承了英国传统学徒制培训制度优点，又融合学校职业教育的办学优势。2004年，学徒制创新品牌，不再使用“现代”这个前缀，并去除25岁年龄上限。最初，我国学者对现代学徒制的研究主要是针对英国、德国、澳大利亚等欧洲国家学徒制的研究，把现代学徒制思想引入到我国。

最后是“开放性”。这与传统高等职业教育的区别在于：校企合作不再停留在表面、形式上的合作，现代学徒制强调校企合作的深度和广度，企业培训在职业教育中的地位得到重视。开门办学为职教界人士广泛认同，但将开门办学这个“门”开好，对现代职业学校而言，并不是一件容易的事情。这其中，既有“意愿”问题，也有“实力”问题。这都是传统学徒制所没有的特性，也是现代学徒制与传统学徒制的最大区别。传统学徒制与现代学徒制的具体比较见表3–1。

表3–1　传统学徒制和现代学徒制的比较

	传统学徒制	现代学徒制
学历	非学历教育	学历教育、非学历教育
传授方式	一对一传授知识	多对多传授知识
规模	较小	较大
工资	无	低工资
办学主体与教学主体	企业	学校和企业

五、国内外现代学徒制的比较研究

（一）西方现代学徒制不同类型的研究

1. 西方现代学徒制的产生

在工业革命后100多年的历史中，甚至直到今天，学校职业教育一直占据着职业教育与培训的主舞台。并且，它在很长的一段时间里，也的确起到了培养工厂生产所需要的初级技能劳动者以及促进教育民主化的作用。然而，学校职业教育与工作世界的脱离以及职业教育课程的“学问化”等根本性问题，不可避免地使学校职业教育越来越受到企业界、教育界以及学生的质疑，改革势在必行。

正当人们认为学徒制只适合家庭作坊的手工业经济而应该收入历史博物馆时，德国的异军突起，引起了世界的关注和对学徒制的重新思考。德国是一战和二战的策源国及战败国，战后不仅面临着因战争遭受的经济残局，还因为美苏冷战导致东西德分裂。但在战后的短短十多年间，联邦德国经济高速发展，并在20世纪60年代就再次超越了英法，成为资本主义世界第二大经济强国。其制胜的秘密武器之一，被认为是德国以双元制为特色的强大职业教育体系。而双元制恰恰是一种将学校本位教育与工作本位培训紧密结合的新的学徒制形态。

此后，各国纷纷开始研究和效仿德国的双元制，希望在本国也能改造或者创生出类似的培训制度，以适应现代经济与社会发展的需要。特别是从20世纪80年代末开始，西方各国纷纷开展了新的学徒制改革，相关的立法、政策和项目层出不穷。如欧洲许多国家进行了相关的立法：丹麦和希腊1989年，卢森堡1990年，葡萄牙1991~1992年，法国1987年、1993年、1996年，爱尔兰1993年，荷兰1996年，西班牙和英国1993~1994年；英国1993年推行现代学徒制，澳大利亚在1996年推行了新学徒制，美国及加拿大从20世纪90年代开始也一直开展学徒制改革。就此，学徒制在现代社会得到了重生，重新掀起了新一轮学徒制研究与实践的高潮。

本文将二战以后出现的以德国“双元制”为典型、适应经济与社会的现代性要求、以校企合作为基础、纳入国家人力资源开发战略的学徒制形态统称为“现代学徒制”。需要说明的是，作为官方正式用词，虽然“现代学徒制”一词是在1993年英国政府的“现代学徒制计划”中出现的，而且从2004年开始，英国在新一轮的学徒制项目已经停止使用“现代学徒制”这个用语，但本文采用“现代学徒制”的说法，突出了它的时代感和特性，更有利于区分当前学徒制改革与传统学徒制的差异。

2. 西方现代学徒制的现状

（1）西方现代学徒制的概况

目前，大多数欧盟国家以及澳大利亚、加拿大等国都建立了或正在探索建立适合新时期经济发展需要的国家现代学徒制系统。表3–2显示了21世纪初部分国家的注册学徒人数。

从数据上看，学徒制在当代德国和澳大利亚的职业教育与培训中占有相当重要的位置，在加拿大、法国、爱尔兰和英国等国家，也是学校职业教育与培训的有力补充，但在美国，则显得较为势微。

表 3–2　2011 年欧美各国现代学徒制发展和就业现状

国家	期限(年)	女性比例(%)	每千人就业中注册学徒人数	年轻人失业率近 10 年均数
澳大利亚	1 ~ 3	34	40	11.4
奥地利	3 ~ 4	34	32	7.5
加拿大	2 ~ 5	15	30	12.7
丹麦	3 ~ 4	46	27	8.2
法国	3 ~ 4	31	17	20
德国	3 ~ 3.5	41	39	10.9
意大利	3	43	24	25.8
瑞典	3 ~ 4	42	44	6.9
英国	1 ~ 3	54	20	12.2
美国	1 ~ 4	n/a	14	11.1

（2）西方现代学徒制的典型性

与以往学徒制在各国表现形态的高度统一不同，现代学徒制已经出现了多元化的发展趋势，国家间的差异正在增大。Hilary Steedman 就将欧洲的学徒制分为了需求引导型和供给引导型两大类。需求引导型的学徒制也可以称为高企业合作与低学校整合型，其特点是雇主责任感高，企业培训强大，学徒制与全日制教育结构相分离，如德国、奥地利、瑞士。供给引导型的学徒制也可称为低企业合作与高学校整合型，其特点是雇主责任感低，企业培训相对较弱，学徒制与全日制教育结构进行了较为密切的整合，如英国、荷兰、丹麦、法国等。

这种划分与这些国家背景和传统的差异存在高度的一致性。这一点可以在加拿大生活水平研究中心（CSLS）2005 年的一项研究中得到验证。在该项研究中，加拿大生活水平研究中心比较了德国、法国、爱尔兰、美国、澳大利亚的学徒制实践，将这些国家的学徒制系统分为北欧系统（Northern European Systems）和盎格鲁撒克逊系统（Anglo-Saxonsystems）两类。

北欧系统以德国为典型，丹麦、奥地利、瑞士等都属于这一类型。这些国家普遍有重视职业教育与培训的历史传统，相关立法较为完善，企业参与职业培训的责任感与热情较高。普遍采用双元制培训学徒，企业与学校分工、合作明确。以德国为例，德国以 1969 年的《职业教育法》确定了双元制的法律地位，它对企业培训进行了明确规范。而职业学校的教学则遵守各州制定的学校法规。联邦职业教育研究所负责全面管理和协调双元制，包括对雇主与学徒的协议条款、学徒制证书的考试与评估进行规范。另外，每个职业部门都建有一个职业培训委员会，由 6 个雇主代表、6 个雇员代表以及 6 个职业学校教师组成，他们有权在《职业教育法》的基础上制订该职业学徒制的相关细则。职业学校提供理论与技术课程，经费完全来自州教育部，同时也受州教育部的监督和管理。企业培训的经费原来是完全由企业负担的，但两德统一后，由于找不到学徒岗位的失业青年增多，联邦政府也逐渐为给失业青年提供额外学徒制岗位的企业提供全额或部分经费，并给予减税优惠。不同职业的学徒期不同，但大多数为3~4年。学徒通常由雇主直接招募。学徒在企业的培训时间与在学校的脱产学习时间比例约为7:3。学徒的工资由各行业集体协议决定，通常为该职业熟练工的1/3，到学徒制的最后一年，学徒的工资可以达到熟练工的一半。学徒要经过中期考试和毕业考试两次大考，由专家组成的考试委员会统一主持，包括笔试和实际操作。通过毕业考试后，学徒即可获得由行业联合会颁发的全国认可的职业资格证书。

盎格鲁撒克逊系统以英国为典型，爱尔兰、澳大利亚、加拿大等都属于这一类型。这些国家的企业培训传统一般为“自愿自助”，企业投入职业培训的意愿较低。而且国家比较注重普通教育，职业教育的地位相对较低，人们对学徒制的态度比较消极。但自上世纪末以来，这些国家在政府大力推动下进行大力度的改革，参加学徒制的人数显著增加。

以英国为例，在英国，学徒制并不是在完善的法律框架中开展的，而主要是以改革项目的形式在开展。改革由英国教育部领导，其下属的学习与技能委员会是全方位负责学徒制的实体机构，负责制定相关政策、拨款、管理等事务。每个学徒制的框架与技术证书由行业技能开发署及各行业技能委员会设计。国家资格与课程署则负责审批职业资格证书、技术证书和关键技能证书的颁证机构。符合英国政府公布的学徒制框架的培训，就可以得到英国政府的专项拨款，学习与技能委员会把拨款分配给培训机构，培训机构再与雇主、颁证机构等签订合同，分配这些拨款。由于雇主与青年的沟通渠道不是很通畅，并且雇主参与学徒制的积极性有限，大部分学徒是通过各种公立或私立培训机构安置学徒岗位的。学徒在企业学习特殊岗位技能，并由雇主支付工资；同时也在培训机构接受普通文化知识和基本理论培训。学徒制的完成时间不是固定的，而是根据是否达到受训职业的能力要求，不过通常为1~4年。对学徒的考核主要依靠收集学徒在工作现场表现的证据，专业颁证机构、培训机构甚至雇主本身，只要通过资格认可，便可以成为评估者。完成学徒制后，学徒可以获得受国家认可的职业资格证书、技术证书和关键技能资格证书等三种认证。

3. 西方现代学徒制的发展趋势

虽然在现代社会，西方学徒制得到了重生，但同时也面临着诸多挑战，如高等教育大众化的冲击、快速变化的经济与劳动力市场、全球化与人才流动等。为应对不断变化的形势，近些年来，西方国家不断改革现代学徒制，并且表现出一些共同的发展趋势。

（1）学徒制的对象扩大。在中世纪的行会学徒制中，学徒的年龄一般在12~21岁之间。而在现代，由于学校义务教育的推行，学徒的起始年龄不断增长，同时学徒制的年龄上限正在逐步取消。20世纪60年代，德国双元制也还只是面向初中水平的毕业生（约16岁）。但到了70年代中后期，德国的双元制就出现了高移的现象，高等职业教育中的职业学院开始提供双元制培训项目。现在，德国进入学徒制的平均年龄是18岁。在法国，有一半的学徒年龄在18岁及以上，丹麦的学徒通常都在18岁以上。澳大利亚也在1992年取消了学徒制仅限青年的限制，开始允许成人参加。在英国，1994年启动现代学徒制时，其对象只是16~25岁的青年男女，并主要针对16~17岁的中学毕业生。但在2004年再次启动新学徒制项目时，英国不仅取消了25岁的年龄上限，同时还建立了面向14~16岁青年的“青年学徒制”项目。另外，传统学徒制的主要对象是男性，而在现代学徒制中，女性所占比例越来越大，如1996~2001年，澳大利亚的学徒人数从16.33万人增加到32.96万人，增长了101.8%，其中女性的增长率为239.9%，女性已经约占学徒总数的1/3。换言之，西方国家的现代学徒制几乎是面向完成义务教育后所有人的。

（2）从传统行业向广泛的职业领域扩张。在过去，学徒制主要集中在传统行业，如手工业、建筑、金属制造等。然而，随着产业结构的调整，一些传统行业正在逐步萎缩，而另一些新兴行业（尤其是第三产业）的劳动力需求则不断增加。为满足劳动力市场的技能需求，同时也为了使学徒制更具现代性，西方国家越来越多地将学徒制向更广泛的职业领域推广。1994年，英国启动现代学徒制计划时就已经在14个部门试行，包括农业、园艺、商业管理、化工、育儿、建筑、信息技术和零售业等，到1995年，这个计划又扩展到54个行业中，1997年已经有72个不同的培训框架。现在的英国学徒制涵盖十大领域：农业、园艺与动物养殖，艺术、媒体与出版，建筑、规划与环境，教育与培训，工程及制造技术，健康、公共服务与护理，信息及通信技术，休闲、旅游与观光，零售与商业企业。而澳大利亚学徒制注册人数的大量增加，也被认为主要归功于学徒制向新职业领域的扩展。如其1995~2004年学徒注册数的增长就主要来自非传统学徒制行业的中级文员、销售和服务劳动者以及中级生产和运输劳动者，这三个群体的学徒注册数增长了19.26万人，占学徒注册数增长的68.5%。

（3）学徒制项目的阶梯化和模块化。为增强学徒制的专业性和吸引力，“阶梯化”和“模块化”似乎成了西方国家现代学徒制改革的一个重要方向。英国是一个典型，其将学徒制与国家职业资格（NVQ）体系相挂钩，分为前学徒制、学徒制、高级学徒制、高等学徒制，分别对应于NVQ的1~4级。法国也有相当于英国NVQ的2~5级的学徒制体系，荷兰的学徒制分层则相当于英国NVQ的2~4级，在这两个国家，从一个级别上升到另一个级别，通常采用“2+2年”或“2+2+2年”的模式。这样，学徒制项目之间形成了阶梯，突显了不同学徒制项目的层次性和专业性，也方便学徒个性化地选择适合自己能力水平与期望的学徒制项目。

另外一个增强学徒制项目个性化的方式是将学徒制“模块化”。英国当前进行的“资格与学分框架（QCF）”改革，就将包括学徒制在内的所有学习以学习单元的形式记入学生的学分系统，不同项目中的相同学习单元可以互认。德国在2005年重新修订的《联邦职业教育法》中明确提出在职业教育领域实施模块化改革。次年，德国工会联合会联邦会议通过决议，在双元制培训中承认模块培训时间。2007年，德国联邦教育部的《教育与职业培训模块化及组合式培训系统辩论会提要总结报告》又提出，德国联邦教育与研究部将与联邦职业教育研究所合作，在其后的三年里，为双元制内部的模块化改革提供便利。

（4）学徒制与正规教育系统整合。近几十年来，随着社会经济及民主的进步，人们的受教育权利得到了前所未有的重视和满足，普通教育不断扩大，尤其是高等教育大众化的趋势，使越来越多的人倾向于选择普通教育。这使正规教育体制外学徒制的吸引力下降，生源也受到影响。为增强学徒制的吸引力，近些年来，许多西方国家都努力将学徒制与正规教育系统进行整合，承认学徒制与普通教育具有相等的地位，同时也为学徒搭建继续接受正规学校教育的通道，使学徒拥有更加灵活、多元的职业生涯发展道路。如法国政府规定，学徒必须获得全国认可的职业资格证书，这些资格证书与全日制教育颁发的证书等值。1993年的立法又将这一原则扩大到法国所有等级的资格和证书，包括第一学位。在英国，学徒制还与基础学位联系在一起，即完成高等学徒制，就有获得基础学位的机会。

（5）注重基础理论与通用技能的培养。从个人发展的角度来说，随着科技及经济全球化的快速发展，一个人一生变换职业的频率或更新职业技能的要求在不断增加，这对人的可持续发展提出了挑战。在现代学徒制中，如何运用国家干预，与企业利益相制衡，保障学徒的可持续性发展，成了决策者必须要考虑的问题。为此，西方各国在现代学徒制中，都越来越注重对学徒基础理论和通用技能的培养，几乎所有国家的现代学徒制都必然包括普通教育与技术理论教育部分。如在德国，如果学徒不具备普通中学证书，就必须参加全日制职业学校或“职业基础教育年”，接受职业基础教育，才有资格进入双元制。英国的每个学徒制框架都要求包含能力本位要素（即职业技能）、知识本位要素（即技术理论基础知识）以及关键技能要素。学徒还被要求在完成学徒制时，不仅要获得国家职业资格，还必须获得技术证书和关键技能证书。荷兰1996年的职业教育改革也规定，学徒制项目必须包括三个维度：社会/文化、普通/技术（确保继续学习的可能）以及职业。这些措施的目标其实都是保证学徒能够学到更广泛的职业能力，从而为技术和职业的变化做好准备。

（6）出现第三方培训（中介）机构。双元制是西方现代学徒制的经典。它之所以称为“双元”，主要是指企业与学校是两大主体。然而，由于全球化和市场经济的影响，企业提供学徒岗位的意愿与数量越来越难以保证。即使在双元制传统悠久的德国，20世纪90年代末也开始出现学徒制岗位供不应求的状况。为此，在西方现代学徒制中，越来越多的国家出现了“第三方”培训（中介）机构，它们或是起到联系企业与学徒的作用，或是直接承担起教学培训任务。在德国，据估计有30%的学徒是与政府所设立跨企业培训中心签订培训协议，在跨企业培训中心接受了集中训练后，再到各企业的劳动岗位上进行实际操作。在英国，学徒制岗位的提供是以“准市场”为特色的。仅有3%的学徒由雇主直接招募并培训，剩下的全部由培训公司或其他非营利培训机构与政府签订合同负责安置。在澳大利亚新学徒制中，集团培训公司是一个重要的机构，它们向企业推荐学徒，安排学徒的脱产培训，并以此获得政府的财政资助。1998年，由集团培训公司雇佣的学徒占总学徒数的13.9%。因此，有人甚至说，双元制似乎已经要变成“三元制”。

4. 西方现代学徒制的基本特征

虽然现代学徒制在西方各国的具体运作各有不同，但对比传统学徒制和职业学校教育，可以发现，西方现代学徒制的典型特征包括以下几点。

（1）国家战略层面的制度管理。与传统学徒制相比，现代学徒制被许多西方发达国家视为重要的国家发展战略。为此，这些国家不但出台了相关劳动和教育的法律政策，为学徒制提供法律保障；还建立了相应的管理和监督机构，从制度上规范学徒制的实施。大多西方国家的现代学徒制都体现了分权、分级、分块的管理思路。中央分权给地方，实行分级管理；分权给行业，实行分块管理。一般来说，其组织和管理分为四层：中央部委负责总体规划和领导；由非部委的独立政府机构负责学徒制项目的开发与总体规范；学徒制的具体管理由地方教育管理机构和行业组织负责；具体实施培训的是企业与职业教育机构。另外，许多国家还以多种方式向培训机构、雇佣企业以及学徒提供补助和培训经费等。

（2）多元参与的利益相关者机制。西方现代学徒制的利益相关者较多，往往包括政府、企业、产业指导委员会、工会、学校、师傅／教师、学徒等，甚至还出现了第三方培训或中介机构。大多数国家在多年的实践中，都逐步形成了至少包括政府、行业、工会和学校四方利益相对均衡的合作机制。其中，尤其要提及的是行业和工会的力量，它们分别作为雇佣方和受雇方进行博弈，从而既保证满足企业需求，又保证学徒的切实利益。

（3）以企业为主、工学结合的人才培养模式。现代学徒制要求将学校本位的知识／理论学习与企业本位的技能学习相整合。学校和企业共同承担培养技能型劳动者的责任。但是，在西方现代学徒制中，起核心作用的不是政府，不是培训机构，而是企业，这主要体现在两个方面：首先，企业是职业能力标准的主要制定者。现代学徒制强调培养职业能力，而职业能力的标准是由企业主导确立的。这是因为他们认为，职业教育培养的人才毕竟最终是为企业所用，其培养规格应该体现企业所需。而对企业用人需求最了解的，当然是企业和行业自身，而非政府行政部门或学校。其次，企业是学徒制培训的主要场所。虽然现代学徒制强调企业培训与学校职业教育的结合，但这两者的地位是不一样的，它是以工作本位学习为主的人才培养模式。职业学校或培训机构所起的作用是为企业技能培训提供理论基础教育，并补充具有较大可迁移性的普通技能和素养的教学。

（4）以学徒为主的双重身份。在西方现代学徒制中，学生具有双重身份，在职业学校是学生，在企业是学徒，并以学徒为主。青年首先要从企业获得学徒岗位，才可以进入现代学徒制项目，进而获得职业学校的学生身份，实现校企合作下的人才成长。“学徒”身份首先将学徒界定为“企业的人”，这样，企业对作为自己人的“学徒”投入教育与培训的主动权和积极性就更大，不会出现主要依赖职业学校的情况。另一方面，“学徒”又与企业正式员工不同，最主要的表现是学徒获得的是津贴，而不是工资，且收入较低。这样就降低了企业的培训成本，有利于保护企业提供现代学徒制岗位的积极性。

（5）统一规范的教育培训标准。现代学徒制是一种以企业为主体的职业教育与培训形式。在生产性的企业里，如何保证学徒接受充分、适当的职业教育与培训，而不仅仅是企业的廉价劳动力，是现代学徒制必须要解决的关键问题。目前，西方国家多以统一规范的教育培训标准来控制现代学徒制的教育与培训质量。如德国的《职业培训条例》和《框架教学计划》、英国的《学徒制框架》、澳大利亚的《培训包》都是由政府颁布、在全国统一实施的学徒培训标准。这些文件对学徒完成培训所应该达到的知识和技能水平，甚至教育与培训的内容和方式等，都做出了明确、细致、统一的要求。

（6）与国家职业资格体系的融通。西方现代学徒制一般都与国家职业资格体系相融通，而这些国家职业资格往往是由行业开发或普遍接受的。学徒拥有了这些资格，便获得了一种专业地位，使其在本行业找工作时，就拥有了相对优势，从而可以增强学徒制的吸引力。德国双元制比英国现代学徒制更受欢迎，在一定程度上是因为它的双元制与国家职业资格的联系更紧密。在英国，通过学徒制可以获得国家职业资格，但它并不是获得国家职业资格的唯一途径。在德国，企业反对全日制职业学校的毕业生获得与双元制学徒一样的职业资格，也就是说，在获得国家职业资格上，德国双元制具有排他性。

5. 西方现代学徒制的启示及思考

当前，我国大力发展职业教育，取得了显著成效，但也面临一些必须解决的棘手问题。如技工荒情况仍然严重；工学结合改革有待深入，但校企合作的情况却并不理想；等等。那么，我国是否有可能引入现代学徒制，如果引入，现代学徒制的试行应该从职前教育做起还是从职后培训做起，我们的现代学徒制是应坚持西方现代学徒制的企业本位特征，还是走学校本位的现代学徒制之路？

以企业为主的现代学徒制的生存和发展离不开政府对企业参与的制度性关照，同时还需要行业对学徒制培训合理而全面的介入。但是，在目前条件下，我国还缺乏能够激励和保障企业参与职业教育与培训的制度设计（如税收减免、津贴补助等），企业普遍对职业教育（尤其是职前教育）缺乏热情和主动性。而且，在教育体制改革、行业办学大多转为地方独立办学的情况下，行业对人才培养的指导和干预是非常微弱的。以上问题都是我国实行现代学徒制面临的客观障碍。因此，从理论上可以说，中国当前要实行企业为主的现代学徒制非常困难。就职前教育而言，目前更为现实的选择是借鉴西方现代学徒制的部分经验，改造我国学校本位的职业教育，使校企合作、工学结合向纵深发展。

但是，现代学徒制在我国也并非不能试行，其试行起点最好是放在员工培训上。一方面，现代学徒制的本土化需要时间和经验积累，在职前教育试行的风险要高于在职员工培训；另一方面，企业对员工的培训已经成为一种常态，有些企业还面临着一些问题，现代学徒制可以为其提供一种更好的选择。现代学徒制的试行和企业正在实行的员工培训的结合是低成本、高收益的最好选择，而且在现有体制下也比较好操作。尤其是在当前民工荒的背景下，新生代农民工培训可以成为试行现代学徒制的重要突破口。

借鉴现代学徒制，深化职业教育工学结合改革。当前，我国职业教育工学结合存在的主要问题可以概括为法律规范不完善、校企合作层次低、经费机制不适当、企业参与热情低、教育质量没保证。

与西方现代学徒制相比而言，西方现代学徒制的发展更加成熟。我国现代学徒制试点工作借鉴了国外先进经验，对我国职业教育现代学徒制的发展具有借鉴意义。陈桂生对西方学徒制的发展进行了梳理：欧洲 14~15 世纪学徒制非常盛行；至 16 世纪，随着自由贸易的扩大，行会趋于瓦解，而学徒制仍旧通行；从 17 世纪初开始，学徒制置于行政管理之下。在 18 世纪 60 年代至 19 世纪 70 年代初，欧洲主要国家先后通过产业革命实现工业化，即以机器工业生产取代手工业生产。此后，学徒制逐渐解体。大致在 20 世纪中叶，在重新评估学徒制价值基础上，又开始建立现代学徒制度。相比之下，我国工业革命之后，自古以来的学徒制产权传承不息。在现代，只是由于受到西方学徒制演变过程的影响，这才亦步亦趋，发生了一些变化。现代学徒制打破了高等职业教育的“本科压缩饼干”的困境，校企共同制订人才培养模式，企业可以留用优秀的“学徒”，企业地位明显提高。

实行双证书制度，是校企深入合作的制度保障。传统学徒制是一对一模式，现代学徒制是多对多模式。

根据欧盟 2012 年报告，27 个欧盟成员国中在中等教育层面开展严格意义学徒制的国家有 24 个，有 14 个国家在高等教育层面开展了广泛意义的现代学徒制。可见，现代学徒制已在很多国家蓬勃开展起来。从已发表的文献可知，虽然它们各自都取得了独具特色的实践经验，但现代学徒制尚还处在一个探索阶段，仍有许多问题有待进一步研究和实践。现代学徒制在我国已初见端倪，德国、英国、澳大利亚等国家积累了很多宝贵经验，对于构建我国特色现代学徒制具有较好的借鉴价值。对各国典型的学徒制情况进行归纳，列于表 3–3。

表 3–3　各国学徒制的做法与特点

国家	学徒制类型	做法	特点
德国	“双元制”	职业教育有两个施教主体，即企方和校方，学徒在校企学习的时间比约为 3:7。企方依据行业“职业培训条例”，校方依据教育部门“框架教学计划”对学徒进行教学。过程是：企方发布岗位，面试录取，并在行业协会注册。同时，学徒在职校注册学籍。由行业协会组织中期和毕业考试，通过可获得职业资格证书	普遍、规范、企方参与度高；企方本位；行业协会监督到位；与普通教育等值
英国、美国	“三明治”	是半工半读、学工交替式模式。依托项目开展，培训机构依据行业委员会的“学徒制框架”培训。学徒经过面试录用，签订培训合同。培训机构与企方共同商定培训计划交替教学，学徒在培训机构与企业的时间比约为 1:4。学徒取得学徒制框架里规定的所有资格认证，便成功完成学徒制	政府发挥主导作用；培训内容依托项目开展；学徒需获得若干个合格证书，才能获得职业资格证书；培训机构教什么，企方教什么，学徒怎么学，都非常灵活
法国	学徒制	围绕国家资格认证开发，各行政大区制订和规范学徒培训“联络文档”；学徒与企方签订学徒制合同，到行业委员会注册备案。企方培训约占 60%~70%。面试录取，学徒培训中心与行业委员会共同开发“联络 / 管理手册”，记录学徒身份、培训时间、访问企方计划，以及学徒培训中心和企方的具体培训内容等。完成学徒制时，学徒要参加国家资格考试，获得相关资格认证	政府主导，立法健全；组织管理机构众多，这一点对法国现代学徒制改革是不利的；内部评估与外部评估相结合、过程控制与结果控制相协调

续表:

国家	学徒制类型	做法	特点
澳大利亚	新学徒	培训依据是澳大利亚职业资格框架和培训包。企方发布招聘广告，甄选学徒，学徒和企方到学徒培训制服务中心签署协议。然后学徒到注册培训机构(主要是TAFE学院)进行面试,学徒、企方和培训机构协商沟通后，三方签订培训计划。学徒培训在企方与培训机构之间交替进行。培训机构负责知识培训，实践培训主要在企方进行。学徒需要与其他类型的职业院校学生一起参加国家考试，才可获得相应资格认证	政府、企方、教育机构和学员被赋予与其利益水平相当的权力，互相制衡；学习时间长短不定，既可全日制，也可半日制；需参加国家组织的考试，获得学历和资格证书
日本	“产学合作”模式	参考德国的方法，利用校企不同教育资源和教育环境，培养服务于一线的人才。职业教育机构与企方合作,通过“企方投资”“校企人员交流”等模式，解决职业教育机构在校生的实习与就业问题；职业教育体系中实施“产学合作”培训模式，即企方与校方合作培养职业技术人才，互相承认学分。在企方的实习时间、实习场地、实习机会得以保证，专门知识和专门技能得到重视和培养,毕业生实际工作能力强,就业率高,深受企方和学生双方的欢迎	政府的全面主导，高度重视，有一系列职业教育相关法律法规；社会的广泛参与。日本的职业教育已经发展成为政府、社会、企方、个人广泛关注的事业
瑞士	“三元制”	根据联邦专业教育与技术办公室发布的“职业培训条例”开展，规定教学内容和校企及产业培训中心的分工职责。企方培训与校方教育交替进行，做法是起初学生每周1~2天在校方，3~4天在企方，然后逐渐减少学习时间，转而以企方培训为主。学徒期满后要参加国家考试，以获得联邦职业教育证书（2年制）或文凭（3~4年制）。还可获得一份由师傅颁发的学徒工作证明	校企分工在最高层面进行统一设计的；企方、校方、培训机构方时间分配是7:2:1
中国	“校企合作、工学结合”模式	以“校企合作”“工学结合”为依托。校方传授理论知识和少量的技能知识，企业传授技能知识，一般高职院校采用“2+1”或“1.5+1.5”学制进行，应用型本科院校采用“3+1”或寒暑期顶岗实习、生产实习为主。前期研究为我国现代学徒制探索奠定了基础	体制机制不健全、吸引力不够和企方参与不积极，责任不到位；以校方教育为主体，技能教育缺乏；顶岗实习、见习与生产实习流于形式

（二）西方现代学徒制的特性

（1）法律保障。国家在立法方面提供积极保障，除了法律政策，还有相关制度来规范。此外，还向雇佣企业、培训机构及学徒提供培训经费和相关补助等；拥有包括政府、学校、教师、师傅、学徒、企业、第三方中介和培训机构等利益相关者在内所组成的多方联动的规范化运作机制，表明现代学徒制在全社会得到重视。例如为了推动双元制教育，德国政府先后颁布《强迫职业补习教育法》《工业法典》《联邦职业教育法》，修订《青年劳动保护法》和《改进培训场所法》，这些法律明确规定企业应承担的教育培训义务，保障了双元制顺利实行。

（2）严格教师（师傅）准入制度。德国有着严格的教师（师傅）准入制度：岗前国家考试——岗前职业培训（企业实践）——岗前实习——岗前国家二次考试——上岗领证。英国的继续教育学院（相当于我国的中等和高等职业学校）中，教师必须首先获得职业资格证书，在此基础上，通过教师教育获得教师资格证才能成为职教教师。

（3）双证书制度。比如澳大利亚的职业教育是一种职业培训，让学徒拿到国家承认的二级国家职业资格证书，使得他们在劳动为市场取得竞争优势。德国的双元制是企业本位的职业教育，学生毕业不仅要通过学校考试才能拿到学校学历证书，也要通过企业考核才拿到职业资格证书，学徒毕业后持证上岗，在就业过程中具有更好的竞争力。

（三）国外典型现代学徒制的做法

国外现代学徒制的基本做法，基本是从构建资格框架、建立课程体系以及实施教学过程等方面着手。

1. 德国现代学徒制模式

19 世纪末 20 世纪初，德国独特的学徒制——双元制为其经济发展起到巨大推动作用。学者们普遍认为“双元制”是其最成功之处：其一，“双元制”井井有条的制度使学徒制的实行有章可循；其二，强大的职业教育科研投入与产出是创新发展的源泉。德国主要走的是职业教育等级证书这条路，属于企业本位教育形态。德国开发 250 个专业职业教育等级证书，划分两级，即技工和技师级，等级证书由德国工商大会（IHK）颁发。校企双元教育模式使得受教育者具有企业学徒和职校学生两种身份，学生每周在企业接受 3~4 天培训，在职校学习 1~2 天。考试分技能考试和理论考试，持有该证书者可被全国任何企业聘用。“双元制”由职校和企业（或培训中心）共同承担，两个主体（双元）按照框架教学计划和培训条例开展教学。框架教学计划由各州制订，培训条例由经济界主导制订，联邦劳动经济部颁布实施。学习当中，由 IHK 考试委员会组织分会企业专家出实操试题，学校出理论试题，分中期和毕业两次测试，学徒通过考试可以获得专业的职业教育等级证书，并成为企业正式员工。德国通过这种方式，实现对教学质量的严格控制。

德国“双元制”成功的原因之一是企业对学徒制教育的高度参与及热情。首先，职业培训条例与各州教学计划分别是指导企业及学校培训的核心文件。其中职业培训条例是各州教学计划制订的依据，其在学徒制实施过程中占主导地位。而在职业培训条例的制订过程中，企业又起着主导作用。其次，“双元制”中企业在培训内容和培训时间上均占主体，企业传授学员实践技能，学校则主要提供围绕实践技能所需理论知识的传授。在培训时间上，企业与学校的比例为7∶3。再次，德国“双元制”企业高度参与的最突出表现为，除特殊情况下的政府补贴，企业在自愿原则的基础上承担职业教育的全部成本，包括教学资料、设备材料、教师工资、学员津贴等。

2. 英国的学徒制

英国1993年启动崭新的学徒制改革计划——现代学徒制，改革取得很大成效，形成一股学徒制改革的高潮；1995年全国54个行业全面展开改革；2003年制定《国家现代学徒计划》；2008年英国的《世界一流学徒制：释放天赋，发展所有人的技能》报告中明确指出“通过立法来明确学徒制的法律地位，消除其模糊性”；2016年国家颁布《福利改革和工作法案》，法案要求政府对学徒制的实施情况进行定时报告。英国在资格框架方面做得比较完善，建立八级资格证书国家资格框架，建立对全体公民都适用的终身教育体系。该框架不但建立学术教育和职业教育统一之基础，如职业证书（文凭）的5~8级分别相当于专科、本科、硕士和博士，而且针对职业教育，建立职业技术教育（学校本位职业教育）和国家职业资格（企业本位职业教育）两条学习途径，其中，国家职业资格就是现代学徒制开展的证书体系。在英国的国家资格框架中，职业技术教育设有8个级别职业证书（文凭），国家职业资格（NVQ）设有5个等级，两条途径在不同级别间建立对应关系，形成职业教育的立交桥，NVQ是一个完全以职业能力为导向的教育体系，每一个教育专业都有一套课程体系，是一条完整的职业教育等级证书发展途径。

英国学徒制主要包括学徒制（2级）、高级学徒制（3级）和高等学徒制（4级）这三类层次的学徒制，涵盖农业、商业、艺术、教育等十大领域，涉及1500多个工作岗位。在企业培训中，学徒跟随有经验的师傅学习技能，此外还需接受培训机构的文化和理论培训。学徒完成培训时间一般为1~4年。学校与企业分工明确，理论（必修）课程由学校承担，实践（选修）课程由企业承担。在课程体系开发上，英国相比德国更具柔性，课程模块更小，课程技能集成度较大。采用双元制课程教学，不管是企业课程还是学校课程，都通过学分制累进制完成，总学分达到相应等级，则可获得毕业证书，通过评定可获得国家职业资格证书和关键技能资格等认证。教学质量通过内审员和外审员监督来保证。

3. 澳大利亚现代学徒制模式（TAFE模式）

澳大利亚的职业教育深受英国影响，其职教最初模式是以英国学徒制为蓝本的。1998年澳大利亚启动“新学徒制”改革并成立核心机构——新学徒中心。澳大利亚学徒制涵盖500多个职业，采取联邦和州或领地两级的管理体系，其教学主要依据澳大利亚职业资格框架和培训包。学徒制培训时间为3~4年。企业通过发布公告招聘学徒，企业委托注册培训机构（澳大利亚各州和地区的TAFF学院）对学徒进行培训。企业、学院和学徒三方在相互了解工作要求、培训要求、培训能力等后协商签订培训协议并制订培训计划，明确培训的目标、培训的内容、培训的时间地点、各方的权利与义务及企业与培训机构之间对学徒成长的职责。根据培训计划，学徒在企业和培训机构之间交替接受培训，企业与培训机构的时间比通常为 4 ∶ 1。学徒完成学徒制时，雇主向培训机构或州 / 领地培训局提供他们的岗位能力证明，培训机构则为学徒颁发资格证书。

澳大利亚 1998 年实行现代学徒制，现代学徒制曾为澳大利亚的劳动力市场带来很大活力。但随着全球经济危机的影响，澳大利亚的学徒制也遇到了瓶颈，公众认可度下降，企业参与程度低，严重影响学徒制的顺利实施。政府针对这种现象启动了“学徒制激励计划改革”，主要包括“成人学徒支持、个人补助、雇主激励、针对性激励、基础性激励”等项目。学徒、雇主、学院根据不同标准可获得不同程度的奖励与资金支持。对社会急需的职业培训，国家会投入大力度进行重点支持。对于招收学徒的企业，政府会在税收上给予优惠。另外，学徒培训后获得不同级别的资格证书，可获得额外的资金奖励。

4. 瑞士学徒制模式

在欧洲，瑞士也是推行现代学徒制的典型国家。瑞士的职业教育体系包括三个梯度，即职业准备教育、中高等职业教育及职业继续教育。其中中等职业教育是培养技术技能型人才的主阵地，具有“三元制”的特征。瑞士的现代学徒制管理体系主要由瑞士联邦政府、州政府和各行业协会三方共同合作管理，并由职业学校、企业和职教中心共同承担学徒制的培养计划。专业不同，学习的期限也不同。其中一般为 1~2 天在职业学校学习文化知识和专业理论，3~4 天在企业或职教中心掌握实践技能。经过 2 年学徒培训，毕业生可获得联邦职业教育与培训证书，经过 3~4 年培训毕业生可获得相应文凭并直接升入高等专业学校继续深造。

5. 日本学徒制模式

日本政府在近些年大力推动自身特色的产学合作“双元制”，日本“双元制”在诸多方面与德国“双元制”类似，如双元教学主体、学生双重身份、双元学习地点等等。日本职业教育在积极吸取他国学徒制先进经验的基础上形成了本国产学合作的学徒制人才培养方式，日本产学合作后提出日本学徒制的突出优势在于日本中等教育阶段产学合作使教师与企业师傅自由、互相交流。日本高等教育阶段的产学合作则培养了大批科研工作者和高层次的技术人才，为本国在高新技术产业培养了大量高精尖技术技能型人才，促使科研成果迅速转化为生产力，为本国经济发展服务。

（四）国外现代学徒制模式对我国职业本科发展的启示

我国职业教育工学结合存在的主要问题可以概括为法律制度不完善、校企合作层次低（效率低）、企业参与热情低、经费机制不合理、教育质量缺保障等。徐国庆精辟地提出我国发展现代学徒制的主要目的是为产业升级提供技术精湛的技术技能人才，为实现技术创新提供具有技术研发能力的技术技能人才。他进一步提到发展现代学徒制面临三大制度障碍：首先要确立制度形成的社会建构观；过度自由劳动力市场是现代学徒制关键性制度障碍；协调性劳动力市场是现代学徒制构建的制度前提。我国发展现代学徒制需要三大支撑条件：国家专业教学标准与认证体系、完善企业师傅制度、畅通的学徒升学路径。

1. 深入开展校企合作，破除企业消极参与的阻力因素

应用技术大学及“双元制”在德国的成功得益于其服务了国家，特别是当地的经济社会发展，其招生专业紧密与当地的工业产业结合，有效地深入展开校企联合招生、共同培养等形式，将招工和招生向一体化推进。德国“双元制”最值得借鉴的是其校企合作的意愿程度、紧密程度、沟通机制都大大高于或优于我国，当前我国现代学徒制最迫切需要解决的是破除企业消极怠慢的政策和执行阻力因素，借鉴德国做法，因地制宜，因时制宜，出台切中要点的企业激励机制，系统出台积极正向的制度安排，重点是保障企业培养的权利要求。

2. 完善现代学徒制，解决企业主体的关键问题

借鉴德国、英国的学徒制做法，对现代学徒制工学结合的配套制度调整升级，对招生、入学、学习、考核、监督、学分管理、企业主体、企业师傅、岗位学习、技能鉴定、职业鉴定、职业证书等所有过程均有出台较好的制度政策，对框架体系、职业标准、专业技能、学习大纲、师傅标准等都具有较好的操作执行标准，其中最关键的是完善现代学徒制企业主体的制度设计，借鉴澳大利亚的做法，对学校、学徒、企业的参与过程发放补贴，申请经费、税收制度等做好落实与安排，找准企业积极参与学徒制的利益机制，切中企业参与学徒制意愿的激励要素，大幅度提高企业的参与热情。

3. 人力资源积极共享，教师—师傅流动，产教结合紧密

德国应用技术大学的师资队伍主要由富有实际工作经验的“双师型”人才组成，扎实的理论基础和实践经验已经完成了从习得到转化的蜕变。然而我国相当的院校师资主要由理论研究出身的博硕士组成，往往缺乏技术实践经验，其培训经验往往由校内培训或自主学习取得。我国应尽快建立积极有效的教师企业锻炼的长期合作机制，通过政府推动校企积极沟通，落实校企关键利益，通过教师—师傅自由流动的工程实训锻炼、企业聘用锻炼等多种形式快速提高教师的实际技能水平，配套奖惩制度及评价体系，校企之间可以进行人才的自由流动、岗位交换、互用互聘，让人力资源充分运用，产教结合。

4. 构建行业企业师傅资格认证制度

德国在20世纪50年代逐渐形成了配套较完备的师傅资格认证制度，德国《手工业条例》和《联邦职业教育法》对德国师傅资格考试和认证均有明确的法规依据。在我国推行现代学徒制，企业师傅队伍成为影响学徒制质量的最重要因素。借鉴德国通过建立制度化法规推进企业师傅资格认证制度发展的经验，尽快构建企业师傅资格认证制度，从企业师傅资格认证的申请、审核、考试、面试、认证等方面做出精细化规定，形成我国特色的企业师傅资格认证制度。逐渐培育有专业性与权威性的行业协会发挥对企业师傅队伍监管作用，实现行业自律。通过制定协会章程和职业道德准则对企业行为和师傅行为施行监管；制订企业师傅行业标准，负责企业师傅职业资格认证等，让企业师傅得到应有的荣誉和报酬，保障企业培养和录用的“专利权”。

六、认知学徒制教学与传统学校教学的比较

认知学徒制是建立在传统学徒制基础之上，融入学校教育元素的一种模式，它培养学生的问题解决能力，同时要求教师和学生要清晰表达，以使思维活动可视等。认知学徒制教学与传统学校教学的不同主要体现在以下四个方面：

第一，传统学校教育受认知心理学的信息加工理论影响，认为学习是信息的接受、贮存和提取的过程，学习的结果是信息在头脑中的表征。所以，教师选择知识内化的方式大多是让学生在理解的基础上做大量的机械练习来强化记忆所学的知识，在需要时抽取出来加以运用即可。而认知学徒制受情境认知与学习理论的影响，认为学习是在与社会文化的交互过程中发生的，是学习者主动建构的过程，因此强调学生在实践的基础上通过不断地反思来达到真正理解知识的目的，强调学习者的主动性。

第二，传统学校教育注重知识传递的结构化和系统性，知识和技能是学校学习规范的一个副产品，不但脱离了它们在真实世界中的应用情境，也忽视了学生的个性发展；而认知学徒制认为在真实的活动中获得的知识更有利迁移，不同的个体建构的过程和结果是不一样的，因此教学注重个性化和情境化。

第三，传统学校教育只注重陈述性知识和程序性知识的传授，而忽视了学生的元认知能力和问题解决能力的培养，导致学生获得了大量的概念性知识和低级的问题解决技能；而认知学徒制通过让学生在真实活动领域的积极参与来获得和使用认知与元认知工具，帮助学生解决复杂问题，培养高级认知技能。

第四，传统学校教育将知识分类为原理性知识和应用性知识，而且以教授原理性知识为主，导致学生高分低能，获得“惰性”知识；而认知学徒制将知识分类为显性知识和隐性知识，更注重学生隐性知识的获得，并且认知学徒制本身就有利于学生获取隐性知识。认知学徒制中的策略性知识和专家实践的文化实际上就是“专家”的隐性知识，让学生在从“合法的边缘性参与”逐步走向“中心”的过程中，不断与共同体互动，通过观察、清晰表达、反思、探究等方法来获得隐性知识。

综上所述，认知学徒制是对传统学徒制及传统教育的超越。

七、认知学徒制教学模式的构建

何克抗教授认为“教学模式是指在一定的教学思想、教学理论、学习理论指导下，在某种环境中展开的教学活动进程的简称”。李克东认为教学模式是指在一定的教育思想、教学理论和学习理论指导下，在某种教学环境和资源支持下，教与学活动中各要素（教师、学生、内容、媒体）之间稳定的关系和活动进程结构形式。可以看出，教育技术专家更加强调“在教学环境和资源的支持下”，即尽力创设为教学服务的情境、提供教学可用的资源来完成教学实践，这更符合认知学徒制的核心内容。以上定义虽然从不同的侧面描述了“教学模式”这一术语，但是它的本质都是理论的操作化和操作的规范化。教学模式一般

包含五个部分，即理论依据、教学目标、操作程序、实现条件、教学评价五个部分，具备以下三个特点：

（1）在一定理论指导之下。

（2）需要完成规定的教学目标和内容。

（3）表现为一定的教学活动序列及方法策略。

主张教师是魔术师，不束缚教师的手脚，让教师充分发挥创造性的说法并无错误，但当具体教学时，如果没有固定化结构手段，那么教学亦只成为一种理想化“师法自然”的纯概念。教师依据教学模式展开教学活动是必要的。在“面向新课程的高师院校学生现代教育技术能力培养实践研究”和“大学校园网与课堂教学有效整合模式研究”的项目研究中，我们认为，有效的教学活动应该是目标明确、积极引导学生参与和探究的，这样学生才能高度投入学习。在课题实践的基础上，我们总结出教师要努力创设真实的情境、学习共同体等学习环境，培养学生问题意识、反思和探究能力，真正促进学生认知和技能的发展。据此，笔者结合建构主义、情境认知等理论，构建了认知学徒制教学模式，该模式是一个针对教学的宏图，为教学提供了结构和方向：教师根据认知学徒制的基本构元设计学习环境，确立学生的主体地位，同时也要起到自己作为主导者的作用；教师根据学生认知水平和知识经验来选用认知学徒制提供的方法去教授，学生则相应地做出反馈；教师根据学生的反馈主要从问题意识、探究能力、反思能力三个方面进行评价，学生再根据评价进行反思，以此构成了评价—反思—反馈的循环迭代的过程，直到学生获得解决复杂问题的知识和技能。在该过程中，首先，教师要呈现复杂问题并创设与之相关联的情境，反映知识在真实生活中的应用方式来激发学生的动机。随后，教师不仅要演示问题解决过程，还要大声说出思维监控过程和策略选择的方法，学生观察、加工教师提供的信息。然后，教师鼓励学生以学习共同体的形式参与到问题解决中去，教师提供指导。学生要把解决问题的策略和方法阐释给教师和其他同伴，教师和同伴旁听学生的思维过程，通过反思进行评价再反馈给学生，学生反思并修正再反馈给其他成员。最后，教师要创设更加多样化的问题情境，并逐步拆除脚手架来让学生独立探究，促进知识的运用和迁移。可见，通过教师和学生轮流作业、互相观摩、共同反思的方法，使学生自我修正、自我监控的能力不断增强，从而获得更多的知识和技能，师生共同成长。除此之外，笔者认为运用认知学徒制的教学实践过程中还要体现以下四个关键机制，也是认知学徒制教学模式的灵魂所在，才能帮助学生建构自己对问题的嵌入式理解和养成专家式思维技能。

（一）教学情境的真实性

学习和认知基本上是情境性的。柯林斯和布朗提出认知学徒制要解决的问题之一，就是那些孤立地镶嵌在个体大脑之中的“惰性”知识，认为知识必须在真实的情境中呈现才能激发学习者的认知需要。当教师提供有意义的背景时，有助于学习者发现问题、提出问题、生成主动解决问题的认知兴趣和进取欲望，进而探索问题答案，形成问题解决的技能。好的情境应尽可能接近学习者的经验，并且情境应能促进学习者的发展需求。同时，真实的情境还需要学习者社会性的交互作用和合作，参与到“实践共同体”之中。

麦克莱伦 (1994) 认为，情境可以是：A 真实的工作场景；B 高度的真实，或真实的工作环境的“虚拟”的代用品；C 一种可仪的环境，如影像或多媒体程序。

（二）教学序列的循序渐进性

根据学生的认知规律和心理特征，教师要建构一系列由简到繁、由易到难、由整体到局部的任务、任务环境或微型世界。遵循以上的学习活动排序的基本原则，就要求教师在使用认知学徒制的方法时通常由示范开始，让学生对任务有一个全局的了解，然后通过给学生搭建脚手架、指导，来帮助学生建立清晰的概念模型，促进学生对问题的理解以及能力的发展，逐渐减少提供给学生的学习支持，最后拆除脚手架，同时学生要清晰表达出他们的知识和思维，直到能够独立探究，最后教师将学习的控制权移交给学生。此外，教师还要创设多种问题情境，让学生不拘泥于一种情境，这样学生的策略才能获得丰富的情境联系网络，才有利于知识迁移到新的情境中。其中的一个核心方法是使用脚手架。

（三）教学过程的生成性

在认知学徒制教学活动中，学生不是教师面前无可奈何的观众，更不是教师在运用示范、指导等方法时上课的配角，他们是带着知识、经验、兴趣、思考参与到教学活动中的。教学的意义建构是在实践和情境脉络中通过互动和协商而产生的，它是一个丰富、多样的动态生成过程。生成性教学以交往互动为基础，因为正是师生、生生间的一次次交流，才会产生大量的生成性资源，实现资源共享、知识获得和人的发展。可是在教学中，教师示范问题解决时的思维却是无形的，学生看不到，是无法互动的。所以，教师要外显内部思维活动，大声地说出自己解决问题的决策过程、控制思维的方法，让学生“看”得见自我监控过程。学生也要像教师那样清晰表达，这样才能形成有效的互动。同时，使认知过程显性化也是认知学徒制的特点之一，所以认知学徒制是生成性教学的有益补充。

（四）学习共同体的建设性

学习共同体的建设性指的是创设参与者在其中积极交流并获得知识和技能的学习环境。在认知学徒制教学活动中，助学者（包括教师、专家、辅导者等）和全体学生组成了学习共同体。具有共同目标的学习共同体在示范案例的基础上，通过仔细观察、系统分析、深入思考、清晰表达、思维建模等活动产生个体的理解，个体理解经过清晰表达上升为组织理解，进而形成组织知识，然后将组织知识不断内化为附带个人经验的知识和理解，助学者与学生共同成长。这样的螺旋式双向互动，是学习共同体处于建设性的根本表现。在教学实践中，教师要重视小组学习和协作学习，让学生在学习共同体的实践中合法参与，这也是它的社会性体现之一。世间不存在放之四海而皆准的教学模式，适用于一切目的的教学模式是不存在的，每种教学模式都有自己的优缺点，认知学徒制教学模式也不例外，有自己的优点和局限性。在教学过程中，我们要根据教学的具体要求，选择最适合的教学模式信息技术下的示范方式。

示范是专家向学生展示完成任务的过程，并且用言语将解决问题的思维过程展示给学生的过程，使学生有机会观察正在工作的有经验的专家的实践过程，避免学生对问题解决过程感到恐惧。通过使用数字音频或视频技术展示专家在解决真实问题中的表现，如医生做手术的短片、心理学家对客户的咨询短片等，都可以使学习者观察得更清晰入微，超越时空的限制而得到与所学内容相关的资源，使通常不可视的过程可视化。示范的另一种方法是在网络上张贴专家或教师设计的问题的解决方案，以供学习者模仿。

1. 信息技术下的指导

指导的目的就是要分析学习者的表现，提供评论和反馈，提高学习者的能力，激发其动机。从程序教学机器到计算机辅助教学、智能导师系统以及电子指导（E-learning）、远程教学系统、即时通信系统等，教育学者一直在做着不懈的努力，试图用技术实现指导教学。今天的交互式多媒体的性能和力量，不仅能够持续地观察学生，为学生提供暗示、等待学生做出答案、提供反馈，并且还可以监控学生的训练过程。总之，随着教学理论和信息技术的发展，利用技术能够提供给学习者越来越及时的、个性化的、多重视角的帮助。

2. 信息技术下的脚手架

通过信息技术学习环境中脚手架（教师或同伴）的帮助，学生可以穿越“最近发展区”，获得进一步发展。其中的一种形式是让计算机承担技术所擅长的任务，比如运算、文字的复制等，而学生承担他们所擅长的认知任务，如任务设计、统筹规划等高级思维活动。此外，还可以以计算机提供知识的结构化表征、向导、建议或具体执行任务的步骤的形式，为学生提供脚手架。如利用概念图或语义网络工具展示概念、要素、实例之间的相互关系，便于学生理解或产生新的问题解决方案；利用维恩图便于学生整理、分析、归类事物之间的相似性和差异性；利用可视化工具为学生提供范例等。昆塔纳（Quintana）等就指出了 20 种设计脚手架的特定策略，以支持基于电脑的学习环境中的意义生成、探究、清晰表达和反思。信息技术帮助学习者超越了他们的思维—记忆、思维、解决问题的局限。

3. 信息技术下的清晰表达

清晰表达使学生能对自己建构的某一领域的知识、推理和问题解决过程清晰化，使学生的隐性知识外显，使获得的知识更容易被用于其他任务等。清晰表达可以通过团队合作、讨论、辩论等方式来实现。由于课堂时间有限，不可能有足够时间使所有同学都表达自己，所以学生可以通过网络日志、演示文稿、概念图等方式来表达思考、决策和问题解决的过程；通过虚拟聊天工具设计小组头脑风暴的活动，鼓励更多的学生清晰表达自己的心得和实作。

4. 信息技术下的反思

Collins 认为信息技术可以从以下三个方面加强学生的反思：

（1）学生对自己学习过程的反思。因为技术能够记录实作，人们就能回顾他们是怎样完成一项任务的，把以前所做出的关键决定复演出来。例如建立电子学档记录学习过程，以便于评价；多媒体学习环境中为学生设置非线性导航，便于学生及时回访和反思。

（2）学生把自己的实作与他人的实作进行比较。例如在教师提供的网络张贴区内，学生可以把各自的问题解决或任务完成的过程记录下来，不仅可以反思自己的表现，还可以与其他人进行比较。此外，学生还可以通过及时通信系统与在线的其他人共同讨论、同时完成任务，相互借鉴，以及时发现自己的不足之处加以改正。

（3）学生把自己的实作和一套用于评价实作的标准进行比较，是改进实作的最有效的方式之一。在任务完成过程中，教师提供任务的评价标准，使学习者明确学习的期望和要求，从而学习者进行自评，根据标准进行必要的修改和调整。事实上，与不使用反思工具相比，使用工具进行学习要求学习者对所学内容进行更深入的思考。如果学生没有对内容进行深入思考，就无法使用反思工具。

5. 信息技术下的探究

探究强调学习者要尝试不同的策略和假设，通过尝试、观察来验证假设。在探究活动中，教师为学生设立学习目标，激发学习动机，监控学习过程，提供有限的指导，逐渐拆除脚手架，直到完全“淡出”，学生则生成自己的知识，管理目标的实现。在探究中，信息技术可以扮演“研发工具”的角色，也可以为学生探究提供环境和资源。例如，教师应给学生提供知识论坛或知识库的链接，使学生丰富学习资源，获得最新知识；“微世界”是一种探究性的学习环境，这种环境提供了对真实世界某些现象的模拟，学习者可以以不同的方式进行处理、探索及实验。实践证明，微世界促进了学习者的问题解决策略、批判性思维能力以及创造能力的发展。通过基于信息技术的“读”，改变了教学信息输入和教学内容表现的形式，进而促进理解，深化了教学；而“写”则增加了信息的输出和学习主体思维的外化与共享，能在深层次上引发学生的主动学习和反思性理解。信息技术不仅是辅助学生学习的工具，更是“促进思维的工具”。信息技术整合到认知学徒制教学活动中，要强调学生通过“写”不断生成学习过程，要为“写”建立结构化支架，实现学生的“读”与基于信息技术“写”的协同。

八、认知学徒制教学的局限性

认知学徒制自提出已有 20 年的历史，是现代社会的一种教育方式，有时候教学效果比正式教育还要好，但是并没有被大规模的推广运用，究其原因，是由其自身的局限性决定的。例如，它需要较小的师生比例，强调真实的学习环境。以我国现阶段的国情来说，是很难实现的，因为这需要大量的人力、财力和物力，所以导致目前运用认知学徒制来指导教学的模式还不成熟。技术的出现在一定程度上可以突破认知学徒制的局限性。

（一）建构主义理论

建构主义理论的内涵十分丰富，包括知识观、学习观、教学观等。建构主义把学习看作是一种主动的、建构的过程。学习者不是简单被动的信息接受者，而是积极的知识建构者和意义提供者，即学习者积极建构或创建自己对于客观事实的主观意见。学习意义的获得，是每个学习者以自己原有的知识经验为基础，对新信息重新认识和编码，建构自己的理解的过程。建构主义要求为学习者创设一种理想的学习环境，包括情境、协作、交流和意义建构四个部分。学习必须是在一定社会的、文化的、历史的或是政治下的情境之中才是有意义的。此外，建构主义理论还倡导反思性学习，认为学习者可以通过向他人学习、控制自己的学习、学会自我分析，逐渐发展在行动中反思的元认知技能，朝着专家的方向不断进步。认知学徒制理论强调学习的情境性、社会性、反思性、探究性等，是和建构主义理论不可分的。

（二）社会文化学习观

20 世纪 80 年代，受维果斯基（L.S.Vygotsky）的影响，社会文化学习观兴起，其基本假设是，人的心理功能是处于文化、历史和制度情境之中的。该学派注重在一定的社会文化背景中研究学习者的学习，并将不同的社会实践视为知识的来源，为此，“他们提倡一种认知学徒制的教学方式，让学生有可能在真实的情境中通过对专家活动的观察、模仿进行主动学习”。社会文化学习观认为知识获取本质上是一个不可避免的一种社会历史文化的过程，要求我们特别注意认知所嵌入其中的社会与文化的情境脉络。它强调学习是知识的社会协商，是一种社会建构的过程，它将群体放在个人之前，视个体的合理性很大程度上来自社会，将人与人之间的关系放在首位。因此，社会文化学习观关注的是这样一些社会关系的范型，如协商、合作、冲突、角色、社会场景等。基于此，社会文化学习观要求为学生创造一种开放的、情境的、积极互动的学习环境和问题情境，诱发、驱动并支撑学习者探索、协作、思考问题解决的活动；支持学习者，并提供机会对学习的内容和过程进行反思与调控。这对认知学徒制强调的指导、示范、搭建脚手架以及合作学习、清晰表达、反思等具有明显的启示作用，为认知学徒制的提出提供了指导。

（三）维果斯基的最近发展区理论

维果斯基（1978）提出“最近发展区”（Zone of Proximal Development）概念，意指儿童“正在形成、正在成熟和正在发展的过程”，即描述儿童在独立活动中所达到的解决问题水平与有指导的情况下借成人的帮助所达到的问题解决水平之间的距离。“最近发展区”不是静态的、固定不变的，而是动态的发展体系。根据“最近发展区”理论，教师在教学中首先要检测学生对某一问题的解决能力，然后选择学生通过成人的辅助能够完成的学习活动，这种教学活动与我们的“摘挑子，要让学生跳一跳”的说法不谋而合。活动的设计既要超过学生的现有水平，又要在最近发展区内，要让学生“跳一跳”才能摘到桃子，这样才能激发学生兴趣，给予学生鼓励；学习过程中要求有同伴或教师，也就是认知学徒制中“能干的他人”提供教学支持。这里，研究人员借用了建筑行业中“脚手架（Scaffold）”这一术语，在教学中根据学生的需要为他们提供帮助，并在他们能力增长时撤去帮助，把学习者的发展过程从他所在的地方引导至他还未达到的地方。很显然，认知学徒制从最近发展区理论中汲取了很多营养，如示范、指导、搭建 / 拆除脚手架等，反过来，认知学徒制也能使最近发展区最大化。

（四）莱夫和温格的情境认知与学习理论

数百年来，去情境化教学一直占据主导，并仍“把持”大局，近些年，情境化教学设计思想才占了研究的上风，呼声日渐高涨。以莱夫（Lave）、温格（Wenger）为代表的人类学家从人类学的视角，在对非洲裁缝店学徒的研究中发现了传统学徒制的中心特征（观察、指导、实践、情境性），并提出了情境认知与学习理论。他们认为，学习是学习者以学徒的身份进入实践共同体，进行“合法的边缘性参与”，然后逐步走向“中心”并获取身份的过程。情境认知与学习理论自提出就备受青睐，因为它支持有意义的学习，并促进知识向真实情境的运用和转化。我们可以从以下两个方面来理解情境认知与学习理论：

1. 知识和学习的情境性

知识是由学习活动发生的情境来表征和索引的，其内容是由真实世界的对应物及情境决定的（Brown，1989）。好比我们想了解一个人，首先必须了解他所处的环境。人类的任何学习行为都是处于社会中的，受到文化、历史和制度性因素的影响，如果学习的知识是去情境化的，则它是“惰性的”，是无法迁移到相关情境中去的。传统教育往往认为知识的获取是外部教学的结果，忽略了它是周围环境文化的产物，从而很少提供给学生实践相关领域知识的机会；而情境认知学习理论倡导按照知识在现实生活中的对应的方式创设教学环境，鼓励学生参与实践，即强调学习的情境性、社会性。

2. 真实的活动和参与

知识的建构来源于活动（Jonassen，1999）。活动理论（Activity Theory）认为有意义的学习和活动是彼此交互和依赖的。从情境认知理论的角度看，学习是一种与共同体中的其他成员表达、磋商和互动的过程（Lave，1988），强调交互性和实践性的重要。情境是学习环境的关键组成部分，认知学徒制是基于情境认知与学习理论的一种教学模式。以创设有效学习环境为己任的认知学徒制正是试图通过在学习中嵌入逼真的环境和学习者在实践共同体中的真实活动来提高学习的效率，保证知识向真实情境的转移。很显然，认知学徒制受到了情境认知理论的影响。莱夫对学徒制的研究，对柯林斯等人提出认知学徒制理论的启发最大，布朗和柯林斯都特地指出了这一点并向她表示了致谢。

第四章　现代学徒制分析与思考

一、中国特色现代学徒制基本框架及运行机制研究

（一）中国特色现代学徒制的意义

学徒制是一种古老的职业教育模式，经历了大工业时期的被边缘化以后，在当代西方国家，重新成为职业教育的战略选择。近年来，国内对现代学徒制的研究重点在于对西方现代学徒制的历史和现代学徒制的比较研究，主要研究集中在对英国、澳大利亚、德国、瑞典等国家现代学徒制的历史脉络和成功经验进行总结上。中国特色现代学徒制的提法尚少见于文献，翟海魂提出在中国传统学徒制的基础上，借鉴发达国家经验构建中国特色现代学徒制度；胡秀锦在分析了现代学徒制人才培养模式的内涵和特点后，提出了借鉴国外“现代学徒制培养”模式，发展我国现代学徒制的对策；关晶的博士论文对西方学徒制进行了系统的研究，提出了借鉴西方现代学徒制发展我国工学结合职业教育的建议，该研究对比了德国和英国两种不同的现代学徒制的特点，提出把西方现代学徒制与我国学徒制历史结合起来，初步涉猎到发展中国特色的现代学徒制的观点，只是不太深入。我国职业教育发展过程中，以“工学结合”为核心的我国职业教育改革是具有战略性的。“工学结合”的具体模式一直是理论研究和实践实施的热点。但是从当前的情况看，工与学的结合难以深入进行，职业教育改革面临困境。因此，研究西方现代学徒制，总结西方现代学徒制的成功经验，可以把握世界职业教育的发展趋势，通过借鉴西方现代学徒制经验，结合我国传统学徒制发展历史基础和当前我国职业教育工学结合实践，研究中国特色现代学徒制人才培养模式以及实施途径与方法，对于发展完善我国职业教育、破解高技能人才短缺困境，有着重要的理论意义与现实意义。

（二）实施中国特色现代学徒制的客观基础

现代学徒制是在融合现代职业教育的优势，继承和吸收传统学徒制的基础上发展的一种职业教育人才培养模式。现代学徒制要求教学场所融入实际情景，是以经验学习为主的学习过程，基础理论与通用技能并重，是工学结合的典型代表。中国职业教育经过近 20 年的发展，理论研究和改革实践使我国发展中国特色现代学徒制具备了必要的基础。

在当前我国职业教育中，工学结合模式是改革的主流，工学结合部分具备了现代学徒制的特征。早在 1991 年，国务院出台《关于大力发展职业技术教育的决定》的文件，在

2002年出台《关于大力推进职业教育改革与发展的决定》，2005年又出台《关于大力发展职业教育的决定》，在这些决定中，“工学结合”的主张和策略逐渐明晰；2006年《教育部关于职业院校试行工学结合、半工半读的意见》则首次专题性地、较为全面地提出了开展工学结合的各项举措。各学校和研究机构对工学结合培养模式进行了研究和实践。德国的双元制模式和基于工作过程的课程改革、澳大利亚的“TAFE”，台湾的“工学交替”等工学结合培养模式为人们所熟知，各职业院校结合自身条件，大力发展工学结合的尝试与探索，出现了职教集团型（区域性行业校企多对多合作）、校企合一型（校办企业、企业办校和校企联办）、校企全面合作型（如订单式培养）和校企部分合作型（企业只在部分环节与职业学校开展了合作）四种典型工学结合运行机制，这些工学结合培养模式部分具备现代学徒制的特点。但是，由于我国职业教育历史传统的原因，形成的是以学校本位学习为主的职业教育范式，校企双方都是独立主体，自由地寻找合作方并自愿达成合作。在我国当前市场经济不够完善的情况下，校企合作成功与否取决于政府干预的程度。这使得工学结合的培养模式不能够按照市场机制运行，进而产生了一些突出问题。

工学结合培养模式改革流于形式，缺乏一种既能解决人才培养实践问题，又有扎实理论基础的人才培养范式。人才培养模式改革仅仅作用于表面，甚至只停留在教学模式的改革层面。例如，教材编写、课程的重组形式多于内容，而具有新教学理念、新教学模式的课程开发少。单一解决某个方面的问题，都不能说是构建了新的人才培养模式。

工学结合中，学校居于主动地位，企业参与校企合作的积极性较低，在企业对工学结合的参与方面，虽然没有权威的全国统计数据，但从职业院校普遍反映的“寻找合作企业难”的情况中，可以推断出，我国参与工学结合的企业数量和比例比较小。这就导致学校和企业两个重要利益相关者在进行议价时，学校又明显处于劣势，进而在培养目标、培养方法等方面存在一定的缺陷，例如经济或行业不景气的情况下，订单式培养会面临“退单”，学校和学生的利益难以保障。

缺乏相关法律法规，经费机制效率低，企业参与热情低，教育质量低等现状需要政府充分参与，完善市场机制，建立一个能够规范配套法律法规，自上而下，分工合作，兼顾各方利益的工学结合运行平台。

西方现代学徒制的发展为发展中国特色学徒制提供了有益的借鉴和参考，西方现代学徒制是为适应现代工业发展和经济与社会要求而发展起来的以校企合作为基础的一种职业教育模式，多数西方国家将其纳入了国家技能型人才开发战略。其中，德国的双元制为典型的现代学徒制。另外，英国的现代学徒制和澳大利亚的新学徒制也各有特色。其中的德国双元制为代表的现代学徒制体系（北欧体系）历史悠久，企业参与度高。以英国现代学徒制、澳大利亚新学徒制等代表的英语国家的现代学徒制体系（盎格鲁撒克逊体系）发展较晚，企业参与程度差，是在国家人才战略的推动下逐渐发展深入的，政府参与度比较深，是一种“准市场模式”。

现代学徒制的主要特点有：

（1）现代学徒制是国家人才开发战略，国家通过参与和提供相关劳动和教育的法律法规强力推广现代学徒制，同时保障参与各方（学校、企业、个人）的权利，通过提供经费，提供补助等调动参与各方的积极性。

（2）参与者多，各方通过市场运作达到利益均衡。现代学徒制参与主体涉及企业、学校和学徒个体。现代学徒制是一种市场化运作机制，各参与主体经过多次博弈最终达到利益均衡。

（3）现代学徒制是一种以学校教育为主，培训机构培训为辅的工学结合人才培养模式。在实施过程中，体现了以企业为主的特点，主要表现在：由于企业是最终的用人单位，学校对学生根据企业的需求进行针对性的培养；企业还是学生实践场地的提供者。

（4）在现代学徒制下，受教育者在学校是学生，在企业是学徒，具有双重身份，以学徒为主。在教育培训实施过程中，青年需要先从企业获得学徒资格，成为企业的人才，才可以成为职业学校的学生，进入现代学徒制项目学习。但是，学徒拿的是津贴而非工资，从这一点上来说，学徒还有别于企业员工。

（5）区别于传统学徒制，现代学徒制纳入国家的规范管理，有完整的法律法规规范。

（6）现代学徒制包含国家职业资格的评定，职业教育与职业资格体系相融通。通过现代学徒制，学生在获得学历的同时还可以获得国家职业资格证书。中国特色现代学徒制主要吸收两种不同体系现代学徒制的优点，例如借鉴德国双元制工学结合的课程体系和激发行业企业参与积极性的政策和立法等；借鉴英国把学徒制纳入国家人才战略的“准市场模式”等，同时结合中国传统学徒制历史经验，以及当前中国经济社会发展的现实条件，发展中国特色现代学徒制职业教育。

我国学徒制历史悠久，特别是新中国成立后至20世纪90年代初期存在的学徒制和技工学校培养模式，是发展中国特色学徒制的实践基础。中国传统学徒制历史悠久，拜师学艺在手工业中普遍存在。直到清末民初，传统学徒制随着各类实业学校的出现才逐渐式微。直到新中国成立后，学校职业教育取代了传统学徒制。在公有制背景下发展出“工厂学徒制”。这些和企业培训与学校教育相结合的现代学徒制是有区别的。20世纪80年代末到90年代初的单位技校和行业部门下属的中专教育，逐渐显现了西方现代学徒制的基本特性：由产业部门领导，校企合作紧密，实践与理论学习的比例恰当。学生免费学习还可获得一定补助。但是随着本世纪初的教育行政隶属的改革，使学校与行业、企业脱钩，职业教育缺乏和产业部门的紧密联系，加之教育部门和劳动部门缺乏有效的融通机制，学历和职业资格认证分属不同部门，使得技工学校的西方学徒制特征逐渐减弱。在开始大力提倡发展职业教育的初期（20世纪90年代中后期），我国的职业教育体系带有明显的学科本位的特点，加之人们传统观念排斥职业教育不愿做蓝领工作，一段时期职业教育和普通教育只有专科和本科层次的区别。在我国职业教育改革进程中，通过实践摸索，引进先进的教育模式（例如双元制），逐渐明确了工学结合、校企合作等适合职业教育的改革模式，为发展中国特色现代学徒制奠定了实践基础。前文提及的国务院关于发展职业教育的几个文件和2010年发表的《国家中长期教育改革和发展规划纲要》为发展中国特色现代学徒制提供了政策保障，特别是在2010年《纲要》中，明确提出了探索“半工半读的学校教育制度和半工半读的劳动制度”，从 2010 年起，教育部开设现代学徒制试点，现代学徒制在我国逐步展开。

（三）中国特色现代学徒制人才培养模式的基本框架

发展中国特色现代学徒制，应该在借鉴西方现代学徒制的基础上，结合中国目前的教育制度和劳动制度改革，探索一种适合我国职业教育发展新模式。中国职业教育发展较晚，需要政府的大力推动，这方面应借鉴以英国为代表的盎格鲁撒克逊体系模式，而以德国双元制为代表的北欧体系在工学结合方面给我们提供更多的借鉴，特别是双元制中行会的作用，也是我们应该重视的。中国特色现代学徒制的基本模型中国特色现代学徒制是在政府平台上的一个四位一体的人才培养模式。

在此模式下，政府为企业、学校的合作搭建政策法规平台，通过改革教育制度中的学历制度和劳动制度中的职业资格认证制度，使二者融合，建立一个高度统一的职业资格制度，从而鼓励、推动、引导现代学徒制的发展。中国特色现代学徒制，是普通职业教育和成人继续职业教育的融合，是体现终身学习社会理念的现代职业教育体系，这更需要政府做好顶层设计。

中国特色现代学徒制是“以人为本”的职业本位的现代职业教育模式，因此学生是中国特色现代学徒制中的核心。企业和学校签订校企合作，为学生分别提供学历教育和职业培训。在这个过程中，人才培养的专业设置，既要着眼于未来产业发展对人才的需求（而不是简单的企业和市场当前对人才的需求），以免造成人才培养与市场需求的脱节，更应注重学生自身的终身职业生涯的发展。

同时，也应重视行业（产业）对人才的要求，及行业（产业）评价人才培养的结果。因为企业是行业组成的基本单位，也是岗位的提供者，对人才的评价有绝对的发言权。因此，要改革现有的职业资格鉴定模式，相关工作由行业协会完成。

构建中国特色现代学徒制培养框架应从培养目标、培养内容、培养方式和质量评价体系四个方面入手。基于当代职业教育是学校教育这一主流，发挥政府、学校、企业和行业的作用，把教育制度和劳动制度有机结合。

（1）发展中国特色现代学徒制职业教育，应着眼于未来产业的发展，在产业升级转型背景下结合区域经济发展制订培养目标。这需要政府从宏观上进行指导，产业和行业参与指导，培养目标应切合未来产业发展对人才的需求。培养目标应关注人才的可持续发展能力和长期的职业生涯规划。

（2）中国特色现代学徒制培养模式下的培养内容，突出特色是技能培养体系中校企深度合作和素质培养体系中工作场所对学生的职业规范和职业道德的熏陶。规划培养内容，应解决好理论和实践的课时分配问题。

（3）在培养方式方面，应该充分利用学校现有实训条件，把校内实训平台的模拟学徒制和企业的学徒制结合起来，这就要求加强对校内教师的双师素质的培养。要根据教学和企业实际情况进行工学交替。

（4）中国特色现代学徒制职业培养模式的质量评价是学历和职业资格证书（课岗证

融合）以及过程评价的结合。学历证书来源于学校教育，职业资格证书来源于劳动部门鉴定，过程评价由企业颁发培训证书证明学生的操作能力。

（四）中国特色现代学徒制人才培养模式的运行机制

在中国特色现代学徒制运行方面，应建立企业主导、政府推动的“准市场”运行机制。这是因为我国目前职业教育开展的校企合作程度不深，企业缺乏参与现代学徒制的积极性，需要政府去推动；另外，企业对人才需求的现实性使校企合作（例如订单培养）出现短视行为，人才培养难以符合未来产业和区域经济发展的需要，这需要政府和行会参与现代学徒制的标准制定，以利于学徒个人的职业生涯发展和国家社会经济的长期发展。

在“准市场”机制下，中国特色现代学徒制的运行机制应包括以下几个子系统：

1. 分层管理与系统合作的管理机制

借鉴英德学徒制，确立中国特色现代学徒制的分权、分级、分块的管理思路。中央分权给地方，实行分级管理；分权给行业，实行分块管理：中央教育部门和劳动管理部门成立联合机构负责总体规划和领导，下属独立机构负责学徒制项目的开发和标准制定，地方教育主管部门和行业协会组织负责学徒制的具体管理，职业教育院校和企业负责具体实施。教育部门与产业部门自上而下系统合作，保证学徒制的权威性和规范的统一性。

2. 行业协会协调，学校和企业主导，培训中介参与，多方联动的运营机制

在现代学徒制培养体系中，学校和企业是主体，学校培养人才，企业需要人才，学校和企业之间通过签订合作协议明确各自的权利和义务。行业协会既是企业、学校沟通的桥梁，代表企业对人才培养进行评价（职业资格鉴定）；也是企业和政府沟通的桥梁，更应着眼于行业（产业）未来发展辅助政府制订人才培养战略。整个现代学徒制的市场运作中，培训中介起非常重要的作用，他们既是学校职业教育的补充，能提供一些培训项目，也是学校和企业合作中介，在现代学徒制的市场化机制中，培训中介有利于促进竞争。

3. 利益均衡的合作保障机制

利益均衡是现代学徒制市场化运作的基础，只有各方利益均衡，才能调动各方参与现代学徒制的积极性。建立利益均衡的合作保障机制，首先要建立公平、科学的政府投入机制，包括拨款机制和政府津贴二次分配机制，处理好企业和学校的关系，研究好应如何发放培训津贴；其次，要合理地处理学徒津贴；另外要顾及培训中介的利益。

4. 基于终身学习思想的阶梯化的内容机制和职业教育——普通教育互通的发展机制

现代学徒制不仅适用于一般中级水平操作技能培训，也适合高水平的专业培训；不仅针对传统的蓝领阶层，也应包括诸如 IT 业、高级会计、高水平技工等行业。中国特色现代学徒制应参考英国现代学徒制，构建 3 级或 5 级阶梯化内容。培训和认证使用模块化策略，遵循 APL 原则（对先前学习的认可），在学徒制培训灵活化的基础上，职业教育可以延伸到普通高等教育中，有益于学徒的长期职业生涯发展，也为学习型社会的构建打造了良好的制度环境。

在高职人才培养体系内，现代学徒制应用范围逐步扩大，而与之相匹配的课程体系也

需要进行重新构建，以适应这一新型育人模式的需求。首先要分析现代学徒制环境下课程体系的构成元素，并进一步分析现代学徒制环境下如何完善课程体系建设，以期符合当前国家人才的培养需求，建立起特色鲜明的人才培养输出模式。

在发达国家职业教育中，学徒制已经积累了一定的成功经验，是区域经济发展和人才结构完善的主要驱动力。在国内职业教育中，学徒制带有鲜明的中国特色，是在传统学徒方式基础上不断完善的新型教学形式，通过这一形式有利于建立起校企教育相结合的崭新特色。学校教师与企业自身技师共同承担育人任务，学生则通过工学交替方式获得更丰富的实践经验。在这样的发展背景下，高职课程体系也需要在教学目标、方式、课程结构、考核等方面与之相适应，从而促进高职院校现代学徒制的深入实施，为培养高素质人才创造良好的条件。

现代学徒制是校园教育与师徒形式相结合，从而构成崭新的育人形式。它整合了顶岗实习和定向委培优势，并形成了崭新的教育内涵。对塑造高级技术人才而言，这一形式实用性更高，能有效提高学生的职业素养，构建起学校与行业发展的有序对接，建立更科学的课程标准，学生能够在获得毕业证的同时获得职业资格证，有利于形成人才可持续发展、终身学习的良好格局。与传统教学方式相比，现代学徒制在办学主体、课程体系、资质考核、学生身份等方面出现了较大变化，实现了高职院校和企业双主体办学方式，两者在人才培养过程中地位相当。同时招工和招生能够同步进行，学生既是学习者，又是学徒工，以工学交替完成学业，并获得国家承认的职业资质。

二、现代学徒制的中国本土化探索与实践

我国现代学徒制发展经历了技工学校教育的起步探索、半工半读教育形式的过渡实践和工学结合、校企合作教育形式的完善与发展三个时期。技工学校教育为我国现代学徒制的形成奠定了基础，半工半读教育进一步推动了我国现代学徒制的发展，工学结合、校企合作教育丰富了我国现代学徒制建设的内涵。在我国现代学徒制的本土化探索与实践过程中，各地探索形成了多种办学形式，逐步健全并完善了我国现代学徒制的人才培养机制。技工学校教育、半工半读教育、工学结合和校企合作教育都有效地为培养适应经济社会发展需要的技能型人才做出了贡献。

（一）技工学校教育：建立我国现代学徒制的雏形

1. 技工学校教育具备了现代学徒制要求的基本要素

我国技工学校历来是由劳动部门主管，技工学校与企业有着天然的共生关系，学校常常是企业组织形态下的一个部门，企业也常常是技工学校的直接主管组织。技工学校是将企业在岗实践与学校理论学习相结合的职业教育形态。技工学校的学生到车间的实践实习安排相较于教育部门主管的职业学校要顺畅。根据教学计划，技工学校普通的任课教师都可以和车间主任或轮班长（工段长）协调好学生到岗实习的具体时间和详细内容，因此，

技工学校教育天然地具备现代学徒制的企业岗位技能训练和学校专业理论知识学习两个基本要素。学生在企业实践实习过程中，通过岗位操作训练掌握相关操作的技能，了解企业的生产工序和流程。与学生在企业实践相对应，他们根据学校教学计划的安排，在技工学校系统地学习相关专业理论知识。为了培养学生的专业理论知识，提高他们的学习能力，技工学校根据学生的实际情况，开设相关的专业技术理论和文化课程。在技工学校学习期间，学生将课本知识灵活应用到工厂车间的实习中，强化了他们对专业理论知识的认知，提高了他们的实践操作水平。技工学校教育是新中国成立初期培养培训企业学徒和技术工人的主要教育形式，课堂与车间、专业与岗位可以有效对接，老师和师傅能够经常交流和沟通，学校里的老师有的就是企业里的工程技术人员，对学生（学徒工）的专业知识和操作技能水平都比较了解，能够根据他们的实际情况针对性地提高他们的专业知识和技能水平。我国的学徒制发端于原始社会，繁荣于封建社会，但从能培养出满足工业化大生产所需要的技能型人才这个意义上讲的现代学徒制，还应该是从技工学校教育开始的。技工学校教育是我国现代学徒制的雏形也即最初形态，随着我国工业化发展和科技进步对技术工人要求的不断提高，这个最初形态不断演化、衍生出其他形态，但企业岗位技能训练和学校专业理论知识学习这两个基本要素始终没有改变。

2. 技工学校教育奠定了现代学徒制人才培养模式的基础

从 1868 年清船政大臣沈葆祯为培养造船修船的技术工人建立福建马尾船政学堂到现在，我国的技工教育已经经历了 100 多年。技工学校从建立的那一天开始，便具备了培养适应岗位技术变化和技术革新要求的技能型人才的特点。现代学徒制人才培养，关键在于专业理论知识的学习和实践操作能力的训练，这些在技工教育中得到了充分体现。1954 年 4 月劳动部颁布的《技工学校暂行办法（草案）》规定，在校学生实践实习占总学习时间的 50% ~ 60%，专业理论及文化课程占 40% ~ 50%。这说明技工教育既保证学生有足够的时间进行生产操作实习，也不放松对学生理论文化知识的要求。理论与实践在技工学校教育中得到有机结合，这种结合为现代学徒制人才培养模式的发展奠定了基础。1979 年 9 月，国家经济委员会、国家劳动总局发布的《关于进一步搞好技工培训工作的通知》强调了开展学徒在职培训工作的重要性，明晰了技工培训的相关要求，指出要提高在职工人技术水平，重视在生产中边干边学、岗位练兵。同时对学徒培训工作也做出了明确要求，学徒进厂后，集中一段时间进行基本知识和专门技能教育，在学习期间，要有不少于三分之一的时间用于学习技术理论知识，同时要签订师徒合同，实行包教包会，加强实践操作训练。这些规定和做法，充分体现了技工学校教育中的现代学徒制人才培养模式的特点。技工学校招生与就业的状况也充分说明企业对技工学校教育培养人才的认可程度。2011 年，全国 2914 所技工学校招生 163.53 万人，比 2010 年增长 3.1%，当年技工学校就业率达到 96.9%，比 2010 年提高了 0.7%。技工学校毕业生的就业率就是企业对技术工人需求的晴雨表，近年来，技工学校毕业生的就业率维持在 95% ~ 98% 之间，高于同年度的中等专业学校、职业高中和成人中等专业学校毕业生的就业率，这与它紧扣企业需求办学、具有学徒制特征的人才培养目标定位是分不开的，这也是为什么技工学校的办学形式从 100 多年前建立到现在能长期存在的重要原因。技工学校教育是具有浓厚的行业背景和紧密的校企关系的教育形态，它是将零散的个体与个体之间的师徒关系转变为按学校教育的方式统一以老师与学生、师傅（们）与学徒（们）的群体与群体之间的关系，即把师徒关系从原始的个体关系转变为现代的组织关系。技工教育 100 多年的发展历史，成功地将原生态师徒关系推演到现代学徒制，为我国现代学徒制的建立与发展做出了重要贡献。

（二）半工半读教育：推动我国现代学徒制的发展

1. 半工半读是实施现代学徒制实质性的探索

半工半读把企业岗位工作与学校理论学习有机地结合在一起，是最具现代学徒制表象特征的职业教育形式。我国半工半读教育于 1958 年开始实施。1958 年 5 月，我国第一所半工半读学校——天津国棉一厂半工半读学校开门办学，51 名四级工以上的老工人入校，实行每天工作 6 小时、学习 2 小时的“六二制”半工半读。为进一步推行半工半读，1958 年 5 月 30 日，刘少奇同志在中共中央政治局扩大会议上正式提出要实行“两种教育制度、两种劳动制度”。他提倡应该有两种主要的学校教育制度和工厂农村的劳动制度，一种是现在的全日制的学校教育制度和现代的工厂、机关里八小时工作的劳动制度；另一种是与之并行的半工半读的学校教育制度和半工半读的劳动制度。半工半读教育形式迅速在全国铺开，半工半读学校也就此兴起。如天津感光胶片厂原先是一个只能生产玻璃干板的只有 200 多人的小厂，1958 年扩建时招收初中毕业生 400 名，试办半工半读中等专业学校，结合生产高级胶片的需要，设置了感光材料制造、有机物制造等 4 个专业，专业技术课由全厂工程技术人员编写教材并讲课，劳动安排和课上学的专业知识对口，使劳动和学习能更紧密结合。当设备全部到位安装的时候，一批熟悉本厂生产，又有专业知识的技术工人也在半工半读中被培养出来。1964 年，随着国民经济的调整、恢复和好转，刘少奇再次倡导推行两种教育制度和两种劳动制度。1965 年底，全国半工半读学校达 7294 所，在校生多达 126.6 万人。之后很长一段时期，由于各种原因半工半读学校没有得到较好发展。2006 年 10 月，全国职业教育“半工半读”试点工作会议在青岛召开，会议印发了教育部《关于在部分职业院校开展半工半读试点工作的通知》，提出了在新形势下逐步建立和完善半工半读制度的任务和要求，并确定了 107 所中等职业学校开展半工半读试点工作。在新的历史条件下开展半工半读，根据学校教学和企业生产的实际需要，采取灵活多样的形式，可以在部分专业试点，也可以在所有专业开展半工半读。在工学交替的具体形式上，学生可以在学校集中学习一段时间，然后到企业实习；可以在学校和企业实行工学多次交替的学习方式，学生边学习边工作，完成学业。相对于技工学校教育而言，半工半读学校教育是对全日制教育的一种补充，改变了我国单一的全日制教育结构。20 世纪五六十年代提倡将半工半读教育放在与全日制教育同样重要的位置上，在当时的时代背景下，这对推动我国现代学徒制的发展具有积极的历史意义，较好地提高了在校学生学习与生产实习的积极性，是继技工教育以来，又一次把理论学习与生产实践结合起来的实践探索。半工半读是现代职业教育的一种学习制度，其基本形式是学校与企业等用人单位合作培养学生，学生通过工学交替完成学业。半工半读教育符合我国的国情，是我国实施现代学徒制的实质性的探索。

2. 半工半读是实施现代学徒制过渡性的实践

半工半读教育是一场从工厂企业发端，后来全面铺开的在职和在学的职业教育。20世纪50～60年代的半工半读教育为我国当时企业技术工人换代，为当时新产业、新技术的诞生和运用培养了急需、可用的技术人才。半工半读教育实验进一步深化了人们对工作与学习关系的理解。当时全国各地新建了大批不同类型的半工半读学校，这些学校实实在在地影响着当地参与半工半读人们的学习与生活，师生广泛参与当地的生产劳动，促进了学与产的结合。半工半读以工厂企业办学居多，生产劳动和教学时间约各占一半。从生产劳动与教学时间的比例关系可以看出，半工半读教育的本质就是推进教学与劳动相结合。充分的生产实习为学徒的技能训练提供了保障，促使学徒能够更好地掌握理论知识和实践技能。半工半读教育对于现代学徒制建设的贡献在于，它启发了人们探索实施现代学徒制人才培养的新途径。2006年10月《现代教育导报》报道，胶南市电子学校学生王燕和她的500名同学，每天7时到13时半，他们是工人，在设在校内的韩国南涯电子有限公司投资的电子元件厂上班，半天的工作内容是组装电子元件；15时到20时，他们又成了名副其实的学生，在课堂里学习与专业相关的知识。1个月下来，他们都会有500元～600元的收入。3年后，拿到一张中职毕业证，学到一手技能，通常能找到一个不错的工作。这是典型的现代意义上的半工半读教育，学生通过顶岗工作，学会用企业的考核标准约束自己，通过企业的规章制度和操作规程，建立起产业工人的概念；学会用岗位的技术要求来促进专业理论知识的学习，提高对专业理论知识学习的主动性和针对性；同时通过生产过程的磨炼，逐步建立起严格的标准意识和质量意识。半工半读教育的“工”已经衍生为现代职业教育背景下的“顶岗实习”了。这样的“顶岗实习”让学生站在学徒的角度对待岗位和工作，通过课堂学习和岗位操作的交替，明了专业理论知识和操作规范、技术要领与产品质量之间的关系。

（三）校企合作教育：完善我国现代学徒制的内涵

1. 校企合作彰显了现代学徒制工学结合的特征

我国现代学徒制的核心是工学结合，校企合作是保证工学结合得于实现的最好办学形式。由合作双方共同实施人才培养计划，企业以提供学生实践实习岗位和机会的方式参与学校人才培养工作，让学生在最新的生产设备上进行实训操作，与工作岗位相对接。校企双方利用各自在技能型人才培养方面的优势，将以课堂传授专业理论知识为主的“学”与岗位训练操作技能、获取生产操作经验为主的“工”有机结合，实现专业理论知识与岗位技能要求的有效对接。工学结合是校企合作的主要内容，推进工学结合，突出校企合作在培养技能型人才中的重要作用，是现代学徒制发展的然要求。现代学徒制要求强化工学结合，在西方职业教育发达国家也是一脉相承的。工学结合教育模式，最早可以追溯到英国桑得兰德技术学院工程系和土木建筑系于1903年开始实施的“三明治”教育模式。1906年，美国俄亥俄州辛辛那提大学开始实施与英国基本相同的工学结合教育模式，并称之为“合作教育”。1983年世界合作教育协会在美国成立，总部设在美国马萨诸塞州波士顿的东北大学，协会成员来自40多个国家，每年召开一次国际性会议。2000年协会理事会经讨论决定，将合作教育改为“与工作相结合的学习”，也就是工学结合的教育，进一步从名称上凸显工学结合的基本特征。不论是英国的“三明治”教育，还是美国的“合作教育”，其核心都是企业和学校的合作，工作岗位与理论学习的对接，都是为了保证学校培养的学生更加贴近产业发展的要求，将与工作和岗位相关的知识和技能纳入到学校的课程教学中来，增强学生知识可迁移能力的培养。这是现代学徒制对人才培养质量的要求，也是现代学徒制工学结合特征的具体体现。

2. 校企合作强化了现代学徒制的内涵

校企合作是实施现代学徒制的有效形式，也是职业教育适应经济社会发展的必然要求。近年来，我国一系列政策、制度都对实施以校企合作为核心的职业教育人才培养模式进行引导和强化。2004年9月，教育部等七部门《关于进一步加强职业教育工作的若干意见》提出，在技能人才的培养培训中，要充分发挥企业、职业院校和各类培训机构的作用，通过职业院校培养、企业岗位培训、名师带徒、个人岗位提高相结合的方式，加快培养企业急需的技术技能型人才、复合技能型人才以及高新技术产业发展需要的知识技能型人才。2005年10月，《国务院关于大力发展职业教育的决定》明确提出要大力推行工学结合、校企合作的培养模式，指出职业学校要与企业紧密联系，加强学生的生产实习和社会实践，要求建立企业接收职业院校学生实习的制度。2010年《国家中长期教育改革和发展规划纲要（2010—2020年）》提出要推进职业教育教学改革，要实行工学结合、校企合作、顶岗实习的人才培养模式；要制定促进校企合作办学法规，促进校企合作制度化。2012年，党的十八大提出要着力提高教育质量，培养学生实践能力；提出要加快发展现代职业教育。这些政策和制度推动各地不断探索现代学徒制的职业教育办学形式、教学方式和人才培养模式。江西新余是我国现代学徒制试点城市，在探索校企合作的现代学徒制过程中，实施招生与招工融合，即企业新招收的熟练工人，在进入企业上岗之前，全部安排进入职业院校接受企业文化等岗前培训。招收的非熟练员工，须与员工签订培训合同，并根据员工意愿，选择职业院校就读，修满学分后职业院校颁发相应的毕业证书。实施上课与上岗融合，即学校实行灵活学分制，进入职业院校的企业员工，不固定学习时间和期限，随到随学，修满学分为合格。根据企业订单要求，灵活安排学习，传统的寒暑假和双休日作息制度被打破，建立课堂、实训车间和实习企业三位一体的教学模式，学生在学中做，做中学，工学结合。实施毕业与就业融合，即学生在学徒期间，如果学徒和企业双方满意，即可直接签订劳动合同，学徒毕业后即可正式录用为企业员工，从而形成职业学校学生对接岗位、职业学校教师对接师傅、职业学校专业对接产业的职业学校与企业全面对接的人才培养模式。以新余为代表的校企合作的现代学徒制的职业教育人才培养模式，是我国各地现代学徒制人才培养试验、实践的缩影，这些地方的探索与实践强化了我国现代学徒制建设的内涵，对推动我国现代学徒制人才培养，加快发展现代职业教育具有积极的现实指导意义。

三、现代学徒制在我国本土化实践的思考

（一）加强职业教育政策与法律制度建设，保障现代学徒制健康持续发展

现代学徒制的健康持续发展，离不开职业教育政策和法律制度的保障。早在 1937 年，美国国会通过了《国家学徒制法》，成立了负责研究和起草关于学徒制计划的国家咨询委员会，同时，法律授权美国劳工部对国家注册学徒制系统进行监督。1994 年，美国《从学校到工作机会法案》规定学校和企业必须创造合作关系，建立就业及学校之间的沟通。1969 年，德国联邦政府颁布了《职业教育法》，确立了突出“学徒制”特征的“双元制”职业教育的法律地位，与《职业教育法》相呼应的联邦《职业培训条例》规定了学徒培训工作及考试规定等方面的内容。2005 年 4 月德国联邦修订颁布了新的《联邦职业教育法》，以保证和改善年轻人的职业培训机会及高质量的职业教育。2001 年 9 月，英国政府采纳了英国现代学徒制咨询委员会提交的“通往工作之路”的研究报告，对现代学徒制的结构、培训内容、资格认证和管理等内容进行了改革。2009 年，英国政府出台了《学徒制、技能、儿童和学习法案》，进一步推动英国现代学徒制改革。英国商务创新与技能部发布的《技能可持续发展报告》提出，现代学徒制将作为英国技能教育发展规划的核心进行建设。世界职业教育发达国家在推动现代学徒制建设方面有一系列保障政策和制度。我国虽然在 1996 年颁布实施了《中华人民共和国职业教育法》，但在保证现代学徒制人才培养质量，推动校企合作等内容的法律规定方面，依然缺乏可依照执行的规定。该法中导向性、建议性的条款难以保证行业企业在技能型人才培养中的主体地位，企业在实施现代学徒制过程中的社会责任和自觉意识需要法律的引导甚至固化。我们需要学习借鉴职业教育发达国家的经验，进行较细致的、局部领域内的职业教育立法，弥补《职业教育法》过于宏观和缺乏实践性的不足，如通过制定类似于《学徒制保障与促进条例》《职业教育校企合作促进条例》《企业提供岗位实践保障与促进条例》等，保障我国现代学徒制的健康持续发展，以满足企业技术进步对技能型人才的需求。

（二）加强校企深度合作，完善现代学徒制人才培养模式

加强校企深度合作。从学徒的角度看，企业是课堂；从学生的角度看，职校是职场。校企合作是推动现代学徒制建设的最佳途径，没有有效的校企合作，就没有运行高效的现代学徒制人才培养模式。校企合作推动校企相互介入培养人才，以学校通过对企业生产过程的介入和企业对学校教学计划、课程设置、实训实习基地等培养人才环节的介入方式，确保所培养学生的规格和质量符合企业的要求。2006 年，日本创立了以企业或用人单位为实施主体的“实习并用职业训练制度”的新型培养模式，注重调动企业和用人单位的积极性，并发挥他们在职业技能培训中的作用。我国台湾地区的轮调式建教合作职业教育的办学模式为：职业学校主动为企业服务，企业提供训练资源配合学校教育，学生一段时间在学校学习，一段时间在企业从事岗位训练。德国“双元制”职业教育模式是世界职业教

育在校企合作方面的成功典型，一元企业、一元职业学校，把学徒和学生两个不同的身份有机地统一在一起，把师傅和教师两个不同行业的从业人员有机地联系在一起，把课堂和车间两个不同领域的场所有效地结合在一起。这种统一、联系和结合，是现代学徒制的本质要求。不同国家和地区在校企合作方面的经验和做法，推动了现代学徒制的改革和发展，也为我国构建现代学徒制人才培养模式提供了可供借鉴的范例。近年来，在各级教育主管部门的主导下，我国的校企合作也呈现出纷繁之势。很多职业院校通过订单培养、分段学习和引厂入校的方式加强与企业的合作；很多企业在政府倡导下，试行企业办学，开设引校入厂的试点，以加强和职业院校的联系；很多地方在政府的主导下，实行东中西部合作、跨省合作、跨区域职教集团建设和创办产业职教园区等项目，助推不同区域的职业院校与优势企业之间的合作。这些职业院校、企业和地方的试点和改革，需要在政府统筹下进一步加强，尤其是企业，大部分企业经历了从生存到发展壮大的过程，而处在不同发展阶段的企业对发展职业教育的需求和认识是不同的，需要政府引导与推动，促进现代学徒制人才培养模式的进一步完善，这也是现代学徒制适应我国现代化产业转型和经济发展的要求。

（三）加强职业资格证书制度建设，建立与现代企业制度相适应的现代学徒制度

现代企业制度要求对从业人员实行就业准入制度，这一要求引导从业人员通过现代学徒制的人才培养方式获取职业资格证书。1986 年英国发表了《教育与培训——共同工作》的白皮书，提出根据国家标准开发一种被雇主认同，同时与学历相并行的职业资格，实行国家职业资格证书制度。这一制度的基本出发点就是使通过职业教育与培训出来的技能型人才更接近产业的需要，创立一种真正与工作直接相联系的资格，使之适应现代企业的要求，英国约 90% 的工作岗位都实行了职业资格证书制度。德国学徒工（学生）要获得相应的职业资格证书，在进行企业实践和专业理论学习过程中，要经过由各行业联合会组织实施的中期考试和最后的结业考试，证书不仅能证明持证人的从业技能，而且可以使持证人在求职过程中有权要求得到相应的工作和薪酬。持证人之所以有权要求相应的工作和薪酬，说明通过德国学徒制培养培训出来的学徒工（学生）所持职业资格证书具备了企业对用工的操作技能的要求，证明了持证人具备了企业岗位所需要的知识和技能。2000 年 12 月，我国劳动和社会保障部在《关于大力推进职业资格证书制度建设的若干意见》中提出，要大力提升职业资格证书的社会认可程度，促进职业资格证书制度与就业制度、职业培训制度和企业劳动工资制度相互衔接。此后在 2002 年、2004 年和 2005 年等历次全国职业教育工作会议的文件中，都明确提出要加强职业院校学生的职业资格证书制度建设，加强职业院校学生实践能力和职业技能的培养，推进就业准入制度。这些政策是对我国现代学徒制职业教育技能型人才培养的一贯要求。西方现代学徒制健全和发达国家的经验告诉我们，加强职业资格证书制度建设，有利于促进适应现代企业制度的现代学徒制度建设，有助于促进就业准入制度建设。

现代学徒制是以企业参与为条件，以课程建设为重点，以专业建设为主线，以人才质量为核心的现代职业教育人才培养模式，这个模式依据不同时期、不同地区、不同环境，

可能会以技工学校教育形式呈现，可能会以半工半读教育形式呈现，也可能会以工学结合和校企合作教育形式呈现。我国现代学徒制的本土化探索和实践历史表明，无论哪种形式，都是以培养满足经济社会发展需要的技能型人才为目标，为不断壮大的支柱产业发展服务，为日益扩大的现代服务业发展服务，为不断强盛的战略性新兴产业发展服务，为正在改造提升的特色产业发展服务。我国现代学徒制在加快发展现代职业教育的历史机遇中，将渐行渐好。

四、现代学徒制对我国高等职业教育的启示

“现代学徒制”是以校企合作为基础，以学生（学徒）的培养为核心，以课程为纽带，以学校、企业的深度参与和教师、师傅的深入指导为支撑的人才培养模式。其既不同于传统的学徒制，也不同于单纯的学校教育，它的实施改变了以往理论与实践相脱节、知识与能力相割裂、教学场所与实际情境相分离的局面，是传统职业学校人才培养模式的革新。学徒制经历了从传统学徒制的发展、衰落到现代学徒制重构的过程。在高科技迅速发展、经济全球化趋势、产业结构和职业结构日益变化的今天，现代学徒制具有更广泛的适应性。

（一）现代学徒制的发展状况

英国、德国、瑞士、芬兰等国家及一些亚洲国家在吸取借鉴传统学徒制优点的基础上，积极发展现代学徒制，进一步强化了职业教育与劳动力市场的关系，丰富和发展了职业教育模式，解决了职业教育与市场需求相脱节的问题。它们所取得的成功，均源于加强政府主导作用、以经济需求为导向、制定政策鼓励企业参与新学徒制活动、灵活多样的培训内容和形式等，成为职业教育史上比较成功的范例，现代学徒制最大的特点就是培训同就业有着更密切的联系，学生的就业前景比较明朗。现代学徒制一般实行交替式培训和学习，学生需用 1/3 的时间在企业接受培训，约 2/3 的时间在学校学习理论知识。在欧洲，学生在学徒期间享受学徒工资，由社会合伙人（企业主和工会）共同制订实训内容和培训合同，培训结束后经考试合格授予国家承认的职业资格。1996 年欧洲委员会就发表《教与学：迈向学习化社会》白皮书，强调大力加强企校结合，发展各种形式的学徒制培训，增强学生的就业能力，在欧盟各成员国建立学徒制培训网络中心。有着悠久学徒制传统的英国，大力推行扩展现代学徒制，大约有 28% 的 16~24 岁青年在工商企业进行 18~24 个月的现代学徒，边学习、边工作，既获得职业资格等级证书，又获得一定的工作报酬。

（二）我国职业教育目标及存在问题

《国家中长期教改革和发展规划纲要（2010—2020 年）》（以下简称《纲要》）中就职业教育发展明确指出：“到 2020 年，形成适应经济发展方式转变和产业结构调整要求、体现终身教育理念、中等和高等职业教育协调发展的现代职业教育体系，满足经济社会对高素质劳动者和技能型人才的需要。把职业教育纳入经济社会发展和产业发展规划，促使职业教育规模、专业设置与经济社会发展需求相适应。实行工学结合、校企合作、顶岗实

习的人才培养模式。坚持学校教育与职业培训并举，全日制与非全日制并重。”国家的规划为高职教育的发展指明了方向，提出了要求，以“能力本位”为主导的现代学徒制正符合时代的要求，它的推行将有力推动我国高职教育的发展。目前我国高职教育发展仍存在着诸多问题，集中表现在经费保障不到位，主要有以下四个方面原因。一是高职院校招生规模进一步扩大，但国家、社会及高校自身对高职教育发展的投入并没有同步增长，存在着媒体直传热，考生报考冷的现象，高职教育发展难以得到充足的经济保障。二是社会认可度不高。高等教育连年扩招，学校硬件设施、师资力量跟不上，严重影响教育质量，办学条件落后和教育质量较差影响了高职教育的声誉，高职教育的质量得不到社会、家长和学生的认可。三是办学特色不明显。学校培养模式单一，同质化严重。在学校定位、发展目标、人才培养规格、培养途径、课程内容、课程结构、实践教学、实验设备和社会服务等方面，体现不出自己的优势。四是产学研结合不紧密。产学研合作办学是高职教育提升自身发展水平，实现办学目标的最有效途径，但是至今没有形成完善的机制体制。突出表现在政府企业对高等职业技术教育的技术支撑作用认识不到位，社会资本参与度不高，学校缺乏必要的政策支持。

五、现代学徒制对我国高等职业教育发展的启示

现代学徒制的产生可以说是顺应经济全球化、生产信息化对职业教育变革的要求，是在弥补学校教育缺陷的基础上发展起来的，有助于毕业生从学校到工作的平稳过渡。这种学徒培训机制对我国高等职业教育与培训的发展有积极的借鉴意义。

（一）建立竞争机制，提高高职院校的培养水平

通过采取市场运行机制，提升职业技术学校的教学水平。英国和澳大利亚政府通过对学徒培训的经济资助这一手段，促进了学校教学水平的提升。政府以商业化贷款的方式提供给与学徒相关的培训机构，如果培训质量下降，政府将减少或收回投资。在我国，职业教育的主体是国家，经费主要来源于国家投资，政府应运用经济杠杆，统筹调配资金投入、师资配置等教育资源，有效促使各职业教育学院展开激烈的竞争，提高培训质量、优化资源利用率，多开设与市场相适应的课程来赢得更多的政府商业性拨款，获得更多的政府资金资助和师资配置，为职业教育机构的发展和培训质量的提高提供经济保证，帮助职业教育学院做大做强，使职业教育适应市场化需求，能够提供更优质的服务，保证技术人才的质量。同时，按照《纲要》的要求，完善体制和政策，鼓励社会力量兴办教育，不断扩大社会资源对教育的投入。通过这些措施，促进投资主体多元化，学校竞争市场化。

（二）实行双证制，搭建技能培训与学历教育之间的桥梁

我国应逐步建立完善的职业教育体系，使职业资格框架成为专业资历、学分转换的主要参照系，为各类教育提供了灵活的衔接方式。《纲要》中明确提出积极推进学历证书和职业资格证书“双证书”制度，推进职业学校专业课程内容和职业标相接，完善就业准入

制度，执行“先培训、后就业”“先培训、后上”的规定。建立健全职业教育课程衔接体系，鼓励毕业生在职继学习，完普职业学校毕业生直接升学制度，拓宽毕业生继续学习道路。英国、澳大利亚现代学徒制的实践证明：建立国家统一的职业能力标准体系和对应的职业资格证书制度有力推动了经济的发展，是一条成功的职业教育道路。例如澳大利亚资格框架（AQF）是实施终身教育，构建了 TAFE 学院与其他种类教育沟通的立交桥，允许人们稳定地从一种资格逐步上升到另一种层次更高的资格。职业教育系统的学生若想进一步深造，包括进入其他注册培训机构（RTO）中获得更高等级的职业资格证书或升入高等教育系统获得本科层次以上学历，其学分可以在不同职业教育 RTO 间职业教育与普通高等教育之间得到相应转换和认可。

（三）加强校企合作，制订切实可行的教学计划和课程

我国的高职教育过程中，教学计划和课程由学校单方制订，长期固定；而实行现代学徒制的国家则是校企协商确定。丹麦的职业技术学校对教学模式、专业设置、课程安排、学制长短和教材的选用等，都是依照丹麦教育部的有关规章和劳动力市场前景展望，由董事会自行决定的。在教学计划的安排上，由学校和用人单位供需见面，直接决定着人才培养方向和素质要求，因此，较好地解决了学习对口、人才对路的问题，避免了某个专业毕业生过剩或某个专业毕业生供不应求的现象。我国高职院校应在相对固定的教学活动中加强与相对应的行业系统的联系，了解行业发展前景和现实需要，邀请其参与教学活动中的相关环节，例如实践计划的起草制订，在教学计划和课程的科学性与实用性方面既相互联系又相互独立，提高高职教育的针对性。

（四）以“能力本位”为核心，培养学生的职业技能

在我国职业教育体系中，职业高中、技工学校、职业中专及其他一些行业学校，基本上都有良好的实习设施和系统的实习程序，只是过去在教学过程中往往教学与实习脱节，过分重视基础知识和理论知识，忽视对学生能力的培养。关键技能是指一种可迁移的，从事任何职业都必不可少的跨职业的关键性的能力。以“能力本位”为核心的职业教育满足了经济、受教育者、教育自身改革与发展的需要，克服了传统职业教育注重受教育过程，忽视受教育者实际能力培养以及缺乏鉴别能力标准的弊端。当前，要建立健全政府主导、行业指导、企业参与的办学机制，制定促进校企合作办学法律法规，通过优惠政策，鼓励企业接收学生实习实训和教师实践，推进校企合作制度化。

六、高职“现代学徒制”人才培养模式在实施中出现的问题及成因

现代学徒制给我们的家长、学生、学校、企业构造了一幅美好的蓝图：招生即招工、上课即上岗、毕业不愁就业……这种让学生、学校和企业“三赢”的教育方式，在现实操作中是不是真的那么完美？在实施过程中，又出现了哪些问题呢？

（一）工学交替，教育教学管理沟通缺失

现代学徒制主要是针对职业学校学生技能较弱而提出的，原本在校内进行的课程转而变成校内、校外交替进行。目前，高职院校在职业教育的“高等性”和“职业性”有机融合方面尚有欠缺，在职教师不能摆脱传统学科体系的束缚，而校外企业的师傅，也就是兼职教师，技能高超，但未必能胜任教学的角色。工学交替，需要高职在校教师和企业师傅共同实施有目标、有计划的教育教学。但实际上，双重教师往往并不能带来双重效果，反而造成教学责任不明确甚至互相推脱责任。在职教师只完成自己的校内教学任务，而兼职教师并不具备教师的专业素养，技能指导计划、目标不明确，对于常态的教学安排责任心不强，这些都会造成学生岗位工作任务不能跟系统性的知识有机融合，反而让学生手脑分离、陷入混乱。

（二）内热外冷，合作双方利益失衡

国家虽然大力提倡现代学徒制，但针对现代学徒制的制度和机制建设却未能跟上。目前，大多数校企合作是凭个人之间的情面维系，合作基础可谓非常脆弱。目前“学校热，企业冷”的现状，大致有以下几个原因：

1. 企业利益导向问题

当企业业务是旺季时，学徒工就是劳动力，企业乐于接受学徒工；而当企业业务是淡季时，学徒工就增了成本，企业也就不愿意接受学徒工了。另外，有的专业限制了现代学徒制的实施，如宠物护理、美容等未来以个体发展为主的专业，师傅与学徒之间会存在利益冲突，师傅对学校的人才培养计划兴趣不大。

2. 薪酬问题

对于现代学徒制，政府一直倡导，但没有具体的实质性政策支持。所以，目前学生进入企业后所享受的薪酬基本都是由企业支付的，企业需要花更多的人财物去帮助这些学徒工，管理成本大大增加，这些学徒工为企业所带来的收益与企业付出成本不能成正比。

3. 学生的个性就业问题

学徒工到企业学到技能后，在就业中没有了学校制度的束缚。毕业后学生就业就有了更多的选择，不一定会到培养他们的企业工作。企业花钱培养了人才，却是在给他人做“嫁衣”，这是很多企业不愿意接收学徒工的主要原因。

（三）学生主体个性思想被忽视

在现代学徒制的实施过程中，学生的主体地位易被忽视，学校合作的企业并不是学生理想中的就业选择，导致学生在学习过程中心不在焉，甚至有抵触情绪。另外，学校在给学生推荐学徒企业过程中一些“规则”的存在，更是让学生不愿意接受学院的安排。曾有新闻报道某些现代学徒制试点院校的学生，对学校推荐的企业非常抵触，原因是学校在这个过程中，充当了包工头的角色，向学生收取一定的中介费。致命校企融合流于商业化、

利益化、形式主义。

七、企业主导下的现代学徒制实施模式研究

近年来，为强化实践教学，校企合作开展现代学徒制人才培养越来越受到高等教育界的关注。然而，学者们研究发现，现有的我国高等教育对于学徒制人才的培养还是基于高校为主和企业为辅。虽然现阶段高等教育注重和企业的结合，高校鼓励和支持学生去企业进行实习和实践活动，强调高校与企业一起沟通制订人才训练和培养方案，但是这种人才培养的方式和模式依然是高校居于主导地位，企业只是一个被动的接受者和跟随者的角色。这种基于高校本位的人才培育模式在一定程度上不符合企业真正的需要，造成了社会资源的浪费和重复。因此，研究基于企业主导下的现代学徒制实施具有重大的理论和现实意义。通过研究企业主导下的现代学徒制实施的方式和方法，可以培养真正符合企业的实际需要、真正具有岗位胜任力的高素质员工，对我国的人才强国战略具有重大的实践意义。

中国高职教育在发展过程中出现了一些问题，既有一定的历史原因，有中国的传统高职教育观念的原因，也有高职教育政策等原因。本研究只从如何提升教学质量、培养合格或优秀学生角度，分析我国高职教育培养过程中的问题，进而落实企业主导下的现代学徒制。

（一）企业对高职教育参与度不高

企业一方面需要高职教育，另一方面却不关注高职教育，看似矛盾的问题却在现实中真实存在。研究发现，目前我国的企业很少真正做到参与未来员工的预培养，直接参与高职教育的程度不高，而大多企业依靠劳务输出直接简单地获取员工，进入企业后再进行系统培训。由于前期缺乏行业企业参与高职院校的典型业务活动分析、职业能力提炼、人才培养计划制订、专业课业务教学、学生工作现场实训指导等高职教育关键环节，导致高职院校的教学内容与企业用工需求不匹配，或落后于行业企业的发展，毕业生普遍没有足够的技能和专业化的职业态度，也不能立即上岗独立工作，一些用人单位对应届高职院校毕业生的“实战能力”缺乏信心。

（二）高职院校学生专业与本身素质匹配度不高

我国大多高职院校对职业素质认识不够，或者没有职业人才素质测评系统，在新生入学选择专业时，大多是父母或老师推荐当时热门专业，高职院校根据招生计划和入学成绩随机分配专业确定某个学生的专业方向。但是一个人的素质具有稳定性、基础性和可塑性等特点。即人的某些基本素质一经形成，在一定时间内保持相对不变；另外，素质对人的能力、人格形成起着基础性作用。不同的社会角色和职业对人的素质要求是不同的。所以某些学生所学专业的未来职业岗位与本身素质匹配度不高，也就是“人岗匹配”性差，造成学生毕业后转行或转岗，对学生个人、家长、老师和企业造成不良影响。

（三）职业道德与职业素质培养不够

高职院校的毕业生欠缺的不仅仅是技能，更重要的是职业道德、精益求精的职业精神。目前我国大多高职院校力求教给学生更多更实用的知识与技能，但高职院校对行业企业所具有的职业特点、毕业生所需的道德品质以及不同专业需要哪些不同的职业素质的认知还不够，同时还缺乏提升学生的职业素质的方法。特别是现在的年轻人以独生子女居多，个人主观性较强，而在责任心、沟通协调、吃苦耐劳、团队合作等方面较欠缺。虽然学校也有科学人生观、职业发展等课程，但是这些课程内容理论性强，空洞枯燥，距离行业、企业、学生自身有一定距离，效果不理想。因此，高职院校的课程需要结合现在年轻人的成长特点，多选择行业企业真实的案例，分析提炼关键职业素养，采取翻转课堂的方式，提升学生的职业素质。

（四）教学内容落后，教学模式呆板

职业教材大多使用以知识体系为主的大学教材，教学方法不适合现代学生的特点。近几年我国多个职业学校也在进行形式多样的教学改革，例如项目教学法、模块化教学法、任务驱动教学法、自主式教学法等。但大多院校不根据自己的实际情况，不管是什么专业，不管是什么课程，不管需要不需要，不管适合不适合，统统都要用项目、用模块。教材仍然是传统课程教材，如教师要用项目教学，有的老师为了应付检查，直接把课件第一章改成项目一，把第一节改成任务一，其他内容丝毫不变，这样就算是项目教学了。教学方式还是传统的老师讲学生听的灌输性教学方式，课堂上有的睡觉，有的偷偷玩手机。因此，这种单向沟通的教学方式亟须改进与完善。

工业社会是把人塑造成某个行业的从业人员，是把人变成某个行业里面的某个职位，生产线上的一个螺丝钉。后工业社会是把人的潜能充分发挥出来，否则应付不了多变难测的未来。正如美国全国职业发展联合会主席达瑞尔•卢佐所说，美国高职教育正在被重新界定的原因是，美国和世界经济发展的需要正在改变。各级教育者都逐渐认识到，全球的企业主越来越需要的技能培养不是传统的四年制高等教育就能给予的。现在大多高职院校教学内容落后，教学模式呆板，虽然使用了一些现代化的教学理念、教学设备等，但是不成系统，或是断章取义，毕业生的技能水平和职业道德得不到企业和社会的认可。由于我国大多数高职院校培养的毕业生在职业素质、职业道德、学习习惯、知识技能等方面与企业行业的发展要求存在较大差距，企业普遍认为参与员工的预培训（高职院校期间）效果不佳，因此对校企合作培养模式的积极性不高。所以，现代学徒制推行的根本是高职院校在国家高职教育政策的支持下，根据年轻人的学习特点，丰富数字化教学资源，系统设计先进的教学模式（例如翻转课堂）引发学生思考，改进学习、评价方式，实现“善读者玩索而有得”，释放学生潜能，达到或超越企业用人要求，突出教育本质——“不是把篮子装满，而是把灯点亮”，输出高质量的高技能人才。只有形成国家主导、高职院校冲锋、企业跟随的办学模式，循序渐进形成良性循环，多年后才能实现真正意义上校企共育的现代学徒制。

八、企业主导下的现代学徒制实施模式

现代学徒制是传统学徒制与现代高职教育相结合，教学活动与社会需求相结合，新技术新设备与现代人学习特点相结合，生产与教学相融合，创新教学模式与管理制度，释放人的潜能，校企联合共育未来社会所需要的高质素、学习型技能人才的一种高职教育体系。因此，基于企业主导的现代学徒制实施模式包括六个方面内容：校企共育的现代培养模式、校企共选的现代择业方法、校企共构的现代教学模式、校企共建的现代知识体系、校企公认的现代职业技能标准、高职教育与高等教育共融的现代成长途径。

（一）政府主导、行业指导、校企共育的现代培养模式

基于高职院校所在区域、行业的特点，依据现在行业企业的岗位标准和未来发展需求，坚持服务发展、就业导向，创新形成以政府为主导、行业为指导、校企为主体、学生积极参与的现代学徒制的人才培养模式。

政府主导。现代学徒制需要政府提供有力的政策支持。教育部研究现代学徒制理论，设计现代学徒制的框架路径。地方政府可通过法律、财税、政策、舆论宣传等手段来促进我国校企合作深入有效地开展。这是确保现代学徒制顺利进行的重要保障。

行业指导。行业指导委员会是现代学徒制顺利实施的一个保证。通过系统研究本行业的职业特点和发展趋势，提炼本行业各专业需要培养的职业素质和职业能力，构建高职教育的人才培养方案、各类教学或实训基地建设标准。组织专家编制适合现代年轻人、前瞻性、科学性的职业教材与数字化教学资源，定期帮助学校培训专兼职教师，为高职院校的教学活动提供指导和帮助。

校企共育。高职院校与合作企业加强校企联合，遵从“招生即招工、入校即入厂、校企联合培养”模式。根据技术技能人才成长规律和工作岗位的实际需要，共同研制、修订个性化的人才培养方案，开发课程和教材，设计实施教学，组织考核评价，开展教学研究等。校企应签订合作协议，教学任务必须由学校教师和企业师傅共同承担，形成双导师制。高职院校承担系统的专业知识学习和技能训练；企业通过师傅带徒形式，依据培养方案进行岗位技能训练，真正实现校企一体化育人。

（二）校企共选的现代择业方法

首先，依据现代企业人力资源管理的“人岗匹配、人事相宜”的现代管理理论，普遍采用行业企业某个专业岗位的素质模型，企业和高职院校共同开发或认可行业职业的人才素质题库或素质测评软件系统进行学生的职业适应性测评，参考素质测评结果，专业老师和学生本人系统分析自己的优劣势，系统规划有针对性的专业方向和员工职业发展通道。然后按照行业企业的用人标准，以企业专家为主，高职院校老师为辅组成专家面试团队，从职业素养、知识、能力等方面考察学生的综合能力，结合自己的兴趣爱好，综合平衡确定学生的职业专业方向。

（三）校企共赢的现代教学模式

大多企业人力资源管理者和高职院校的老师普遍认为，现在年轻人的学习能力和积极性较差，理由是无论是在企业组织的培训还是在高职院校的课堂上，认真听讲的学生极少。真的是现代的年轻人没有上进心吗？这不是全部事实。某高职院校汽车系的学生主动请求老师晚下课，就算不去吃饭也要比赛完成装卸车轮。我们是不是应该反思现在的“灌输型”“少思考”“强化记忆”的教学模式？它们已经不适合“90后”“00后”学生了。

西方有一句谚语：“教育的本质，不是把篮子装满，而是把灯点亮。”现代学徒制需要解决怎样点亮“灯”的问题。解决思路是校企共同创新设计适合现在年轻人特点的教学模式。以适应职业岗位需求为导向，促进知识传授与生产实践相衔接，推行工学结合，实施校企双导师制，根据不同内容性质分别采取不同的教学方法。高职院校的方法是系统开发丰富的数字化教学资源，增加人机互动的业务游戏训练，鼓励自主学习与管理，采取启发思考的“翻转课堂”教学模式，完善和固化认知结构。企业的方法是系统评估学员的状态，应用教学模型选取不同的学徒现场教学方法，做到因材施教，循序渐进，熟能生巧，提高分析问题和解决问题的能力。

（四）校企共建的现代知识体系

现代学徒制的知识体系既要满足企业现在的知识技能要求，又要着眼行业企业的未来需求，同时强化行业企业对员工的职业素质要求。现在的高职教育强调业务技能的静态性，忽视了技能拓展性；强调了技能，忽视了学生的人格和职业素质的匹配性；强调了技能的灌输，忽视了潜能的激发。

在课程体系构建上，不应采用传统的以“知识体系”为核心的课程体系，而应以“职业活动”为导向，创新构建“模块化、渐进式”课程体系，这种课程体系既符合认知规律和学习理论，也适应学校和企业相互转换学习的现代学徒制要求。通过深入分析岗位的基本技能、核心技能和发展技能，设计出以“操作任务”分析为基础的课程体系，即以“工作体系”为框架构建课程体系，并不断更新划分、组合课程内容，实现优化组合，旨在提高学员的职业技能。

基于模块化的课程体系建设。依据工作过程导向的课程开发理念，系统分析企业典型工作任务、不同技能发展阶段所需的知识、技能和职业素质要求，提炼转化成对应的学习领域和课程内容，依据课程内容的关联性和认知规律，对课程内容进行模块划分，以能力和职业素质为主线，构建知识、技能相融合的“模块化”课程体系。理论课程按系统单元进行模块化构造，实践课程按技能要求进行模块化组合。

基于渐进式的教学方式。根据知识的难易程度、技能水平的不同层次需求，将专业技能课程按照不同工种、不同发展技能阶段、不同业务模块进行层级划分，形成“梯次”课程体系。初级阶段培训重点为业务流程的正常操作，中级阶段培训重点为常规异常情况处理，高级阶段培训重点为业务评估与验收、复杂设备故障分析处理、技术管理、技术创新与设备整治优化等。

（五）校企公认的现代职业技能标准

现代学徒制的职业能力和职业素质考核改变了传统的由高职院校考核的现状。形成以合作企业考核为主，高职院校考核为辅；以职业素质和职业技能考核为主，以理论知识考试为辅；以日常的行为业绩为主的现代职业考评体系。职业素质和职业能力的考核标准、考核程序由企业和高职院校共同制订、认可，由校企共同进行学生的素质测评、专业选拔，共同培养，共同评价，双方认可毕业生的技能，实现执业技能证书与毕业证书统一。

（六）融合专业教育与高等教育成长途径

专业教育、普通教育、继续教育相融通，建立一个学分积累和转换的学习制度，推进各种模式的教育学历成果互认，为每个人提供终身学习的机会。这样就真正打通了人人成才的上升通道，打破制约技术技能人才培养的天花板、断头路。这样的现代学徒制高职教育体系为广大青年学生提供了多元化的选择、多路径成才的途径。例如德国戴姆勒卡客车中国有限公司总裁兼 CEO Robert Frederick Veit 先生，在戴姆勒工作了 22 年，从学徒做起，之后参加各种管理培训，一步步走到 CEO 的岗位，这在中国是不可想象的。

九、对现代学徒制中的企业角色的认识

（一）现代学徒制中企业的职责

推行现代学徒制，企业是一个重要的主体，其应当承担的职责可以分为以下六个方面：

（1）企业应当有爱心，将学生看作自己的员工，看作合作伙伴，爱护学生，安排适合学生身心的工作任务。

（2）企业应当配合学校，平等地与学校一道研究育人方案，尊重学校的合理意见，尊重学校基于国家教学标准、教育规律、学生身心发展规律所提出的合理化建议。

（3）企业应当优选师傅，选派那些有能力、有责任感、懂学徒、有良好职业道德的师傅；选派能与学校教师联合、合作育人和开发课程的骨干。

（4）企业应当与学校共同研究人才培养标准，与学校共同建立教学运行与质量监控体系。

（5）在对待学生的职业发展上，企业应当培训、使用、聘用相结合，不能将学徒作为廉价劳动力使用，只做一些粗笨的工作，不聘用符合行业用人标准的优秀学生。

（6）企业应当具有现代企业素质，遵守契约，有法制意识和社会良知。

（二）现代学徒制中企业的角色

（1）学校教育的合作者。企业与学校共同育人，共同编制并执行实施性教学计划，共同遵照国家教学标准开展教育活动，在学生（学徒）技能形成及职业道德养成中形成合

力。企业与学校在这个过程中是一种伙伴关系。

（2）学徒成长的培育者。企业根据人才培养规格和方案派遣优秀师傅指导和教会学生技能的同时，还负责组织设备、安排时间保障培育工作的有效进行，并对师傅及学徒的教与学的行为进行考核评价。在这一过程中，企业扮演着孵化基地和培育者的角色。

（3）合格员工的聘用者。企业参与到学徒的培育之中，并肩负考核评价之责。对于经过培养并合格的学徒工，企业是当仁不让的受益者，也是责无旁贷的义务履行者。只有建立了对合格员工的聘用制度，企业的教育行为才是真实有效的。

（4）教育改革的参与者。现代学徒制是对我国传统教育模式的改革，是一种新型的教育实践。企业参与到这场改革中，既是社会责任的担当者，也是受益者，对行业的健康发展和自身的壮大有着重要的意义。

（5）教育发展的受益者。现代学徒制是当前世界各职业教育发达的国家所奉行的一种先进的教育模式，在我国经过 5 年较大范围的探索实践已经证明，这种教育模式可以促进职业教育的健康发展，可以对企业选人、解决季节性用工难题、降低人力资源培训成本，增强企业凝聚力等方面发挥重要的作用。

（6）法律法规的遵守者。实施现代学徒制的根本目的是解决人的培养问题，其次才是解决企业的人力资源难题，这是我国实施现代学徒制的基本原则。因此，企业应当与学徒及学徒家长签订相关的教育协议和用工承诺，并应当在《合同法》规范下信守承诺，维护学生、家长、学校的合法权益。

（7）合法利益的追逐者。追逐利润是企业的职业要求之一，但参与现代学徒制的企业，必须牢牢把握一个标准，那就是必须在法律框架下追逐合法利润。只有把握好这个标准，才可能做到真正信守协议，爱护学徒，培养出真正为企业所喜、对企业忠诚的员工。

十、现代学徒制的实践探索

（一）现代学徒制在西方发达国家的实践简况

根据欧盟 2012 年的报告，在 27 个欧盟成员国中，在中等教育层面开展了严格意义现代学徒制的国家有 24 个，另有 14 个国家在高等教育层面开展了广泛意义上的现代学徒制。

德国是现代学徒制起源地。起源于德国的职业培训，二战后逐步形成配套的国家制度。该国现代学徒制开展普遍，制度规范，企业参与度高，500 人以上的大企业学徒制参与率高达 91%。

瑞士学徒培训制度完善，学生在完成义务教育后，约有 2/3 的人进入职业教育体系，其中 4/5 参加学徒制，剩余 1/5 进入全日制职业学校。

意大利建立了全球教育层次最高的学徒制，以法案形式规定的学徒合同同样适用于博士研究生。

澳大利亚 2011 年启动“学徒制激励计划改革”，发展高技能型的劳动力市场，支持澳大利亚经济持续稳定发展。

美国以合作教育形式开展学徒制培养，学徒可根据职业岗位能力目标的不同，选择不同育人企业学习。尽管各国开展现代学徒制的形式具有一定的差异，但“双重”身份、“双元”育人、工学交替、实岗培养的内在本质是一致的。

英国为了应对中等技术工人的大量缺乏，于 1993 年宣布重建学徒制。1998 年，英国设立了培训标准协会。2008 年 1 月，代表英国国家性的学徒制管理机构——英国国家学徒制服务中心（NAS）开始酝酿成立，并于 2009 年 4 月正式开始对外运作。

（二）现代学徒制在我国部分省市的实践探索

1. 江西康展汽车科技学校的探索

实现学校与企业、基地与车间、专业与产业、师资与师傅、培训与岗位“五个对接”。实现“招生即招工，上课即上岗，毕业即就业”的目标。突出课程的应用性、实践性、发展性，通过理论与实践相结合，实验与实习相结合，让学生得到符合专业特色的规范化训练。以项目为抓手，以解决专业问题为目标，加强课程间的融合，学生能通过专业课程的学习，获得解决问题的综合能力的锻炼，提升关键能力。实行学校和企业交替式培训和学习，约 2/3 的时间用于在企业接受培训，约 1/3 的时间在学校学习理论知识；学徒工与企业签订一份学徒合同；企业指派一名师傅指导和监督学徒工在企业接受生产技能的培训；学徒工在学徒期间享受学徒工资；企业和学校共同制订实训内容和培训合同；培训结束后经考试合格授予国家承认的职业资格。

2. 浙江信息工程学校的探索

现代学徒制分三个阶段实施：第一阶段是制定《浙江信息工程学校现代学徒制试点工作实施细则》，确认试点企业（岗位）、专业、人数和实习单位，各试点专业制定《实施办法》和相关规章制度，制订试点专业实习计划、实习大纲，编写实习教材和实习生手册。第二阶段学生作为学徒到轮岗实习，为了确保学生在学徒时期岗位与技能轮训到位，学校通过招标为学生购买优质实习岗位。通过第三方考核，学生岗位技能全部过关，从学徒转为准员工。第三阶段是总结试点工作经验和不足，检验和修正《实施方案》及各项规章制度，表彰奖励先进实习单位和个人，并兑现相关政策，确认新一轮学徒制试点的专业及人数。

3. 浙江省湖州市的探索

该地区从 2011 年开始探索现代学徒制“三三四”模式，即政府、企业、学校“三元管理”，在校学习、轮岗实训、顶岗实习“三段教育”，学生、学徒、准员工、员工“四位一体”，合作式、分段式、递进式培养人才，形成多方共赢局面。

（三）现代学徒制在我校的实践探索

《教育部关于开展现代学徒制试点工作的意见》指出：现代学徒制试点应根据不同生源特点和专业特色，因材施教，探索不同的培养形式。我校现有九大专业，涵盖汽车产业链上、中、下游，在产业上有二产、三产和教育类专业。学校不同生源来源差异较大，各个专业设施设备差异性也较大。我们认为：实行学徒制需要构建企业环境或者进入企业环境，让学生在真实的环境中做真任务、真项目，学得真本领，养成真素养。根据环境构建主体的不同，我们将之分为校内学徒制、校外学徒制和混合学徒制。

1. 校内学徒制

我校机械加工专业校内学徒制的做法是：学校按制造类工作设置建成“准工厂”，开展三段式实训和跟单生产，构建与企业类似的真实生产环境，与企业洽谈接受生产任务，组织学生在教师带领下开展生产，加工生产的受益由学校考核发放给相关教师和学生，学生的技能得到提高，学生毕业时接受企业选聘。

数控技术应用专业及汽车运用与维修专业实行不完全学徒制模式：学校优选专业教师作为校内导师，利用中午和晚自习时间辅导参加改革的学生学习专业知识和技能；学校根据学生训练任务和技术含量选择性接单；接单后由师生共同研讨工艺，对于学校教师难以攻克的技术问题则请企业行业师傅点拨指导；确定工艺流程后，学生仿真、实操、生产相结合，学校利用寒暑假安排师生共同进企业实践；学生毕业时由于技能过硬，往往通过优选企业进入社会。

2. 校外师徒制

主要参与专业是汽车制造与检修专业，与吉利汽车集团和神龙汽车公司合作。

吉利高原、神龙汽车模式：学校组建企业订单班，校企共同研究制订教学计划和课程计划，确定课程内容；学生高一年级在校学习，高二年级年满 17 周岁后参与工学交替，在学校学习两个月，到企业当学徒三个月，交替进行；学生在企业期间接受企业组织的公司培训、车间培训和班组培训三级培训，然后与企业分派师傅签订师徒协议，由企业指定师傅带领和传授技术；学生在企业当学徒的时间计入员工工龄；学生由校企共同培育，学生毕业后由企业选用。

3. 混合学徒制

主要参与专业是计算机应用专业，与艾柏集团合作；汽车运用与维修专业，与中德诺浩合作。

艾柏模式：主要针对计算机专业。学校与企业共同研究制订课程计划，确定课程内容，教学计划，第一学年学生在学校学习，企业派讲师参与学校教学和管理，进行企业文化打造和技术传授；第二学年开始由师傅带徒弟，做项目，做任务，地点仍然在学校，工学两不误；第三学年企业全员接纳学生进行顶岗实习；学生毕业后由企业选用。

中德诺浩模式：企业委托第三方及中德诺浩教育集团与学校合作培养学生。中德诺浩教育集团引进德国课程标准，聘请德国技师和专家培训教师，考核合格才上岗；教师按德国课程标准分 18 个领域教授学生知识和技能；中德诺浩监督教学执行和实施情况；学生可以考取德国技能证书；毕业后到与中德诺浩签约的企业就业。

（四）关于现代学徒制实践探索的反思

1. 开展现代学徒制实践的成效

（1）学生技能得到强化，增强了岗位适应能力。在“学校”—“企业”交替轮换的过程中，无论是做学生还是做学徒，学习者总是会“带着问题”，这就使得无论是学校学习还是企业学徒，都会更具针对性、目的性，因而大大提高了学习效率。现代学徒制下师傅一对一地带徒弟，能从根本上改变“顶岗而不实习”的顶岗实习局面。

（2）学生企业岗位忠诚意识加强，职业素养提升。“现代学徒制”作为一种职业教育机制，原本就现成地存在于企业生产过程中。在这里，教学内容、教学方法、教师作为教学的主要元素，全部都是现成的。企业经营过程中道德文化、特有技术、工艺秘方、传统经验等作为一个整体，在师傅授徒过程中深刻影响着徒弟的成长。学徒制试点的学生在试点企业就业，且更多安排于技术含量较高重要生产岗位。学徒“就地就业”后对培训企业有感情，有在企业长期工作的意愿，有较强的专业兴趣和职业责任感。企业也会给予他们较高劳动报酬，他们的工资待遇明显高于同期毕业生。

（3）专兼并举，提升师资队伍素质。直接参与现代学徒制培养的学校教师，由于有更多机会参与企业的生产和技术开发中，其作为一个职业教育工作者的综合能力因此而大幅提高。另一方面，参与学徒培养的企业师傅们，其实已经成为学校里一支最有实践经验的专业教师队伍。

（4）形成了实施性教学计划修订的新机制，提高了计划的科学性，并逐步建构了新的课程体系。第一，学校与企业联系更加紧密，在企业需要、标准等方面解读得更加清晰；第二，企业会主动参与教学计划的修订和审查，以确保计划是有利于自身对人才的需要的，提高了积极性、主动性；第三，“学徒”会主动反馈信息给学校，这些信息作为教学计划、教学内容修改的可靠依据影响到学校的教学计划。

2. 对现代学徒制探索工作的反思

（1）“现代学徒制”是一种职业教育的有效的人才培养模式，贯穿于从入学到毕业、就业的全过程。因而，从时间上讲，现代学徒制实施方案必须贯穿人才培养过程始终。再者，这种培养模式下，必须视学校和企业为一个整体的职业教育系统。从空间上讲，它还需要一个宽阔的、适合的政策和市场环境。

（2）“现代学徒制”是中等职业教育改革的重要内容，建立在校企有效合作的基础之上。进一步完善校企合作制度，加大企业的参与力度，争取让企业抽出更多人力、物力和资金设备投入等，让企业切实参与到现代学徒制的专业建设、课程改革中来，做好课程优化工作，进一步完善现代学徒制这种模式和操作过程。

（3）“现代学徒制”探索离不开政府的调控与支持，学校加强与政府职能部门的进一步沟通，寻求政策支持和经费保障。建议国家和地方政府出台相关的学徒配套政策和措施，提供强有力的政策、机制、资金、资源等方面的保障。研究制订学生实习准备和监督检查政策措施，逐步建立和完善国家、地方、学校三级实习标准，探索建立实习标准动态更新机制。

（4）需要加大力度的其他工作：一是进一步完善对学生的评价体系和对教师、企业师傅的考核机制与激励机制；二是加大现代化、信息化教学设施设备的投入，建设与之配套的实训车间、专业教室、课程资源等；三是进一步加强师资队伍建设，加大外派教师进企业实践的力度，聘请行业企业专家对教师进行新技术、新工艺、新理念培训，对企业师傅进行教学理念、教学方法、教学能力培训等。

3. 现代学徒制的概念

现代学徒制是传统学徒制的传承和发展，是让职业院校的学生在接受学校教育的过程中，有计划地接受学徒教育的职业教育人才培养模式。现代学徒制以市场人才需求为导向，将专业知识教育与实践技能培训相结合，通过学校与企业的密切合作，形成“教师+师傅”的教育新资源，为学生半工半读、工学结合搭建平台。现代学徒制人才培养模式是学校职业教育与企业学徒教育的结合，受教育主体具有学生和学徒的双重身份。

现代学徒制是相对于传统学徒制而言的，传统学徒制是徒弟在师傅的口传身授的指导下，在实际生产过程中学习和掌握知识技能的一种教育模式。现代学徒制是在继承传统学徒制优点的基础上，融合了现代学校职业教育而发展起来的。现代学徒制实行交替式培训和学习，学生一般需用 1/3 的时间在企业接受培训，约 2/3 的时间在学校学习理论知识，将职业学校中的理论学习与企业中的实践锻炼相结合，主要突出对学生实践操作能力的培养。这样，学生在上学期间就可以得到上岗前的良好锻炼，提前掌握职业技能，提高职业素养，为以后顺利进入工作岗位奠定基础。此外，现代学徒制中，学生即学徒工，政府规定学徒在企业接受培训期间不但不缴纳学费，而且还享受学徒工资。这种模式提高了学生的经济独立性，真正解决了那些家庭经济困难、品学兼优学生的后顾之忧。这种强调在真实的工作背景中以经验活动学习为主的现代学徒制已成为开展职业教育和培训的一种重要形式。目前，一些西方发达国家为进一步密切职业教育与劳动力市场的关系，都在积极寻求与发展适合本国特点的现代学徒制模式，并取得了良好的效果，如德国的“双元制”、英国的“现代学徒制”、澳大利亚的“新学徒制”、美国的“合作教育”等。

（五）我国职业院校发展现代学徒制的现实困境

2014 年 5 月，国务院印发了《关于加快发展现代职业教育的决定》，要求各地积极开展“招生即招工、入校即入厂、校企联合培养”的现代学徒制试点。2015 年 8 月，教育部办公厅公布了包括 17 个地区、8 家企业、100 所高职院校、27 所中职学校和 13 家行业牵头单位在内的 165 家首批现代学徒制试点单位。学徒制已从非正式探索阶段进入国家试点的实践阶段。学徒制演化至今，虽然在我国技能型人才培养中发挥了重要作用，但相比于英国、德国、澳大利亚和瑞士等发达国家，我国学徒制还未能发挥其独特的优势。

1. 政府推进法规和制度不完善，学徒制的实施缺乏保障

虽然国家和地方政府高度重视职业教育，但还没有完善的法律、政策和制度支持。现代学徒制作为一种涉及政府、行业、企业、学校等多个部门的技术技能人才培养制度，实施和运行离不开法律规定和操作层面的制度设计。虽然教育部也制定了部分推行学徒制的办法和意见，但教育部文件对职业院校有一定的作用，对企业却缺乏约束力。在政策性文件方面，总体上也比较宏观，缺乏具体的推进策略和创新措施。尤其是对于企业的激励和约束机制比较欠缺，政府没有制定合理有效的措施，引导企业积极主动地参与到校企合作

中来，缺乏政府的有力支持与政策倾斜，校企合作形式大于内容。从法律层面来看，缺乏有关学徒制法律地位、学徒的合法身份与基本权益以及校企双方责任、权利等重要事项的明确规定。

2. 学校自身能力的不足，影响了学徒制实施的质量

我国高职院校由于受办学历史、办学层次、办学条件、师资水平等的限制，培养的人才不能很好地满足企业的需要，服务社会的能力存在不足，影响了企业合作的积极性和校企合作的质量，制约了现代学徒制的实施。在管理制度方面，多数高职院校缺乏与试行现代学徒制相适应的运行机制、管理制度、教学条件和实践经验；在专业设置和课程建设方面不能对接企业的岗位标准，专业设置和课程安排有滞后性，不能满足新经济发展对人才的需求，不能够适应企业新设备、新技术、新工艺、新材料的要求；在师资方面，高职院校师资水平有待提高，“双师素质”教师比例偏低，学校直接毕业的教师大多缺少企业一线工作经验，实践工作能力不强，无法较好地满足企业在技术、管理和经营等方面提升的需求。

企业参与的积极性不高，工学结合缺乏紧密性。目前，现代学徒制在实施过程中，普遍存在着“学校热、企业冷”的现象，致使现代学徒制的推行受到阻碍，校企合作徒有虚名。一方面由于部分企业的社会责任意识缺失，以获取利益为目的，没有开展现代学徒制的热情，也不承担参与职业教育的义务与责任。另一方面由于学徒制是深度的校企合作，学生要参与到企业的真实生产运行过程中来，必定会影响企业正常的生产运营管理，从而影响企业经济效益，额外增加企业的负担。企业认为学徒制高成本，低利益，因而积极性不高，参与度较低。

3. 我国现代学徒制发展的必然追求

学徒制在我国有着悠久的历史，积累了丰富的人才培养经验，目前我国已经具备实施现代学徒制的历史基础、政策环境、社会经济条件、理论基础、实践基础，构建现代学徒制培养体系是适合我国职业教育发展的选择。在传承我国学徒制优良传统的基础上，吸收国外学徒制的先进经验，我国学徒制未来应从以下几个方面创新发展：

（1）在国家宏观层面进行顶层设计是学徒制发展的必要条件。教育的发展跟党和政府的政策息息相关，政治制度的变革制约着学徒制教育的发展方向、规模和效益。中国特色的现代学徒制需要政府根据中国国情进行顶层设计，从政策改进和制度设计上推进发展，引导社会各界特别是行业企业积极参与学徒制的实施。要在职业教育有关法律法规中明确学校、企业、学生在学徒制中的权利和义务，做出强制性的要求与规定。尤其是确立企业行业在职业教育中的主体地位，引导和鼓励企业接受学生实习实训和教师实践锻炼，对接收实习生的企业进行税收减免和财政补贴，允许企事业单位将职工教育培训费用于接收大学生的实习实训，对接受学生实习和指导学生实习成绩突出的企业给予物质和精神奖励。

（2）在中观层面健全组织管理机构是学徒制发展的有力保障。学徒制的有效实施前提是建立分工明确、职能健全的组织管理机构，打造政府、学校与行业企业之间的良性互动平台，合理界定利益各方的职责，保障学徒培训的质量。特别是要充分发挥行业组织协会在学徒制中的地位和作用，国务院《关于加快发展现代职业教育的决定》中也明确指出要“把适宜行业组织承担的职责交给行业组织，给予政策支持并强化服务监管”，针对企业和学校在合作中产生的分歧和矛盾，行业协会可以充当中间调节机构，及时帮助调节双方的矛盾，合理处理双方的诉求，并与职业院校、企业共同制订学徒制专业教学标准、专业课程标准、学徒培养目标、企业岗位标准、企业师傅选拔考核与技能达标标准，共同完成学徒培训合同、校企联合培养协议等的签订和督促履行等工作，并对企业的学徒培训工作展开监督、检查。

（3）在微观操作层面推进职业院校和企业的改革。创新是学徒制发展的可靠基础。职业院校、企业是现代学徒制微观层面的具体实践，是实施现代学徒制的两个主体，共同承担育人责任，共同承担风险，共同培养人才。其中，作为现代学徒制重要参与者的职业院校应从以下方面进行创新：要特色办学，在结合国家和地区的特色学徒制发展的同时，根据自身办学实际，发展本土化的现代学徒制；要开放办学，根据企业的需求制订合理的人才培养模式，要了解最新市场信息，及时调整课程体系和教学内容，实现学校与企业的无缝对接；要灵活办学，改革管理方式和手段，采用学分积累式、学历证书和职业资格证书相结合的制度等。

企业是实施现代学徒制实践教学的主要承担者，是现代学徒制能否顺利实施的关键，因此，企业树立正确的人才储备观念，在目前技能型人才短缺的境遇下，企业要想拥有适合岗位要求的应用型人才，就必须认识到应用型人才培养需要学校和企业共同努力；要深度参与设置职业院校专业、制订教学计划、制订学生实习计划等，为学生实践教学提供足够的技术人员和师傅，承担师带徒的责任，承担实习基地提供者的义务，提供学校缺乏的实习实训设备。

十一、学徒制的课程与教学研究

（一）学徒制课程与教学的理论研究

学徒制课程与教学的相关理论研究主要是探索学徒制的学习机制，以实现对课程知识、教学过程的重新认识及其对职业教育课程与教学改革的启示。徐国庆在《实践导向职业教育课程研究：技术学范式》一书中第三章“职业教育课程学问化的形成机制”对古代学徒制的教育内容与教学方法的特点进行了概括分析，并指出“尽管古代学徒制由于缺乏明确、细致的课程计划而难以为现代职业教育所完全继承，但是，其教育内容与工作要求紧密结合、教学方式以实践过程为核心等特征，应当是职业教育课程与教学模式的永恒要素”。石伟平和徐国庆在《职业教育课程开发技术》一书中“职业教育教学方法”部分首先分析论述了“学徒训练法”的三个步骤——“示范（modeling）”“训练（coaching）”以及“隐退（fading）”，并分析了柯林斯（Collins）、布朗（Brown）和纽曼（Newman）等人提出的认知学徒模式的要素构成以及其运用学徒训练法在操作技能方面的学习，以提高学徒的认知能力。徐国庆在著作《职业教育课程论》第二章“现代职业教育课程理论的形成”

中对学徒制的历史进行了大致梳理，阐述了学徒制的教育过程及其特点，并分析了学徒制对现代职业教育课程的重要启示以及“学徒制在当代复制的可能性”。德国专家费利克斯劳耐尔（Felix Rauner）在《现代学徒制与课程设计》报告中首先比较分析了“从学校到就业”的四种过渡模式，并论述了作为“课程设计的转折点”的工作过程知识及其结构、相关课程知识的学习（难度）范围以及课程的设计等。赵志群在《现代学徒制及其课程建设》中分析论述了现代学徒制的内涵与特点、建立的目的、条件、途径及其管理特征、教学特征，对比分析了主要国家的现代学徒制度，并通过案例分析了现代学徒制在护理专业学习领域课程以及学校与企业合作中的实践应用，指出“只有现代学徒制，才有可能提供职业教育情境学习（即‘学会工作’）所需要的、真正的‘工作与学习情境’”。李艳在《英国现代学徒制及对我国职业教育课程改革的启示》中阐述了英国现代职业教育的课程体系，分析了课程特征及其存在的问题，并从课程观念、培养目标、课程内容、实施模式、课程评价等方面对我国职业教育课程改革给出了启示。

陈旭、徐国庆（2017）认为，目前我国现代学徒制的实施在职业教育课程领域尚存在的问题与不足，主要表现在课程培养目标定位不准确、课程内容实用性矛盾突出、课程学分制实施面临困境等。DACUM 课程开发技术源于能力本位课程，其开发原理和逻辑起点等都一反传统学科课程的思路，给我国现代学徒制背景下课程改革的目标定位、内容重构以及学习结果评定等方面带来很大的启发。我国现代学徒制的课程改革应坚持“职业人才”的培养目标，进行基于工作任务的模块化课程的改革，完善任务完成评定表，不断完善职业教育课程，促进我国职业教育发展。李菲、耿保荃（2017）认为职业院校探索、施行现代学徒制，必须以校企合作为重要基础，以订单培养和员工培训为重要载体。基于校企合作的实践，通过订单培养、员工培训与现代学徒制的对比、论证和研究，他们认为加强校企合作、完善订单培养、增强员工培训是职业院校探索并实施现代学徒制教学改革的有效途径。

（二）国外现代学徒制课程体系的特点

1. 德国现代学徒制课程体系的特点

德国现代学徒制的最典型代表就是“双元制”。所谓“双元”，指的是职业学校和培训企业两个教育主体。基于“双元制”的德国现代学徒制课程体系具有如下特点：校企深度合作，共同制订课程目标、课程内容和课程实施方案，在制订的过程中，以培训企业为主体，这就可以充分体现生产实际的要求，所设置的课程紧紧围绕就业岗位需求，既注重实用性，也注重综合性，着重培养学生长久工作的能力，以能力为本位，通过学用结合、分阶训练、职业资格认证等教学方法培养学生的综合职业能力。综合职业能力包括：最基本的适应社会的能力、人际交往与职业提升能力、工作中的技能操作能力、工作中的解决问题能力，其中前两种能力的培养有助于学生尽快适应不同的职场环境和工作岗位，后两种能力是学生应该具备的最基本的工作能力。这四种能力相辅相成、缺一不可，最终使学生成为既具备职业岗位操作能力又具备基本社会生存能力的统一整体。

在课程内容方面，强调基础性、适用性和发展性。所谓基础性，指的是职业基础知识和岗位通用技能等课程方面的内容，为保证基础性，德国规定必须持有普通中学证书才可以进行现代学徒制的学习，若没有证书，则必须通过其他方式的学习以保证具备职业基础知识。所谓适应性，指的是课程内容必须与时俱进，时刻跟随企业的生产实际，这就需要持续不断地对课程内容进行修订。所谓发展性，指的是课程内容应不仅只关注当下，还应着眼于学生的未来发展，因此要注重专业前沿技术、未来发展趋势等内容的编排。在课程模式方面，企业占绝对主导地位。企业不仅为现代学徒制学生的培养提供主要场所，还主要负责制订职业能力标准。学生在企业的学习时间与在学校的学习时间之比约为 7:3，且实践课课时与理论课课时的比例达到惊人的 7:3，甚至 8:2。

2. 英国现代学徒制课程体系的特点

早在 1993 年，英国政府就提出了“现代学徒制”的计划，首先选择一些行业进行试运行，后来开始在全国各行业普及实施，取得了良好的效果。英国现代学徒制课程体系的核心理念是——工作本位。所谓“工作本位”，指的是一切教学活动紧紧围绕学生未来的工作展开。如学生需要花三分之二的时间在企业接受培训，培训过程中企业中的师傅现场指导，学生不仅可以观摩企业师傅的劳动，还可以自己亲身参与到企业的生产实践活动中去。在课程目标方面，英国现代学徒制注重培养学生的综合职业能力。随着社会的快速发展、科技的日新月异，工作岗位和环境已不像过去那样固定不变，而是不断地在变化和发展，技术手段不断在革新，生产模式不断在变化，个体要适应不同的工作岗位。为了适应这种情形，单一的专业技能已无法满足，学生必须具备多样的专业技能和过硬的专业基础品质，即综合职业能力。更具体地说，综合职业能力主要包括职业关键能力和技术实践能力。职业关键能力又包括数字信息技术应用能力、自学能力、人际交往能力、解决问题能力；技术实践能力则包括动手能力、理论运用于实践的能力等。英国现代学徒制主要通过国家职业资格证书来保证综合职业能力。英国 90% 以上的工作岗位都制定了全国统一的国家职业资格标准，劳动者须经过严格的考核才可获得相应的国家职业资格证书，这一证书不仅是劳动者求职、任职的资格凭证，同时也是用人单位招聘、录用求职者的主要依据。另外，职业院校的学生取得的国家职业资格证书与普通院校毕业所取得的其他教育证书是互通互认的，学生毕业后可自由选择继续进行高等教育，从而大大提高了学生的积极性。

在课程内容方面，主要围绕三大要素展开：基础知识、关键技能、专业能力。基础知识指学生必须掌握的基础理论知识，其内容主要与国家职业资格证书挂钩；关键技能指学生将来无论从事任何工作都须具备的最基本的职业能力，如良好的人际交往沟通能力、团队意识、自我学习能力、基本的信息技术使用能力等；专业能力是英国现代学徒制课程体系的核心，是学生将来所从事工作岗位必须具备的岗位工作能力，至于具体的能力要素的内容，则由企业和相关行业协会等来共同决定。英国要求实施现代学徒制的行业在制订相关的计划时必须包含以上 3 个要素，且每个要素必须渗透至每一个工作岗位的具体要求中去。与三大要素相应的课程模式则包括：技术证书课程、关键技能课程、NVQ 课程。其中，

NVQ 指的是 National Vocational Qualifications——国家职业资格，显然，此课程以国家职业资格为导向培养学生的专业能力，主要通过现场教学实施。以上 3 种多元化的课程模式相辅相成、互相融合，形成了一个系统化的整体。

3. 美国现代学徒制课程体系的特点

美国早在 1937 年率先在建筑和制造行业推出注册学徒制，学徒注册后按照一定的培训计划学习理论知识和生产技能，并参加现场一线劳动，达到要求后可获得资格认证，并进入相应的职业岗位开始工作，也可选择进入更高层次学校进行深造。美国注册学徒制分为“理论学习”和“现场操作”两部分，其中，社区学院、技术学院以及其他职业学校负责实施“理论学习”部分，规定学徒每年完成至少 144 小时的理论学习；而“现场操作”部分则由企业雇主负责，在企业内学习，规定学徒每年完成至少 2000 小时的现场培训。两部分有机结合，形成混合式的课程体系。

（三）国内现代学徒制课程体系的组成

1. 通识课程部分

基于现代职业教育人才培养目标培养高素质技术技能型人才和企业岗位需求，遴选和组建通识课程部分。这部分课程的基本功能：一是传授学生基础科学理论，培养学生利用理论科学解决实际问题的能力，如自然科学和社会科学知识，常指大学数学、大学语文等课程，二是培养学生正确人生观、价值观、世界观等，培育学生社会主义核心价值观，常指思想政治教育课程等。

2. 基于岗位能力设置课程部分

通过对行业企业专业岗位调研，分析得出企业岗位对员工综合职业素质能力要求，再将综合职业能力素质梳理化解为不同的职业素质能力模块，按照我们职业教育岗位能力调研成果得出，能力模块一般包括专业理论知识模块、核心技能模块和企业文化模块等。又将每个模块拆分为具体的子模块，根据每个具体模块的要求，设置具有针对性的课程。濮海慧、徐国庆（2018）认为产业是否需要现代学徒制模式受产业运行方式和生产组织方式影响，而不是由产业类型或技术水平决定，产业对现代学徒制的需求与生产的确定性和标准化程度呈负相关，不同产业类别对现代学徒制的需求各具特征。改造后的传统产业的现代学徒制应重视手艺的传承与创新，高端制造产业的现代学徒制应重视复杂情境的判断与决策，现代服务产业的现代学徒制应重视资源积累，借鉴德国的产业运行方式有利于我国开设现代学徒制的试点。

3. 职业素质课程部分

本部分主要包括职业认知、职业道德、职业综合能力、职业规划等学徒职业素质养成课程。现代学徒制下的学生有双重身份，既是学校学生，又是企业学徒，也就意味着进校即进厂，学徒个人的职业生涯从入学那刻起已经开始了。学生在校期间就要对自己的职业有深刻的认识，严格把握岗位要求，学习职业道德规范，对以后的个人发展和职业规划有所准备。

4. 顶岗实训课程部分

这里所涉及的顶岗实训课程并不是指校内的模拟生产实习，而是指在企业岗位上作为独立的作业者完成工作岗位任务，和企业其他员工一样承担岗位职责。它在整个课程体系中并不是集中设置和实施的，而是当一个能力模块学习结束之后，就要从事该能力模块所对应的岗位工作，该顶岗实训课程与理论学习任务同步或者仅延迟一步，以工学交替的形式进行。

黄文伟、贺蓓蓓等（2017）认为采取如下建构教学培养计划：一是兼顾人才培养目标的普适性与针对性；二是兼顾课程的结构稳定性与元素调整性，在现行教育课程结构框架内，进行现代学徒制课程体系建构。坚持三个不动，即公共基础课不动、三年制高职学段2500~2700总学时数不动、原有的毕业实习及毕业设计环节不动等。坚持基于典型工作任务的专业技术技能课程、学徒岗位课程重构等。三是兼顾学徒评价的基本要求与特殊要求。学徒既要完成既定课程的考核，修满毕业所需的学分，又需通过学徒岗位任务与业绩考核，并以相关的国家职业资格证书考核进行学徒评价。

关于顶岗实训，有学者认为由于学校专业教师着重理论，操作能力弱，企业指导师傅具体操作能力强，但理论基础弱，从而导致在具体的教学实践中双方对问题的看法往往不一致，甚至可能相反。我国高职教育在顶岗实习期间的教学内容并不统一，企业指导师傅一般根据其工作经验，为实习生制订各阶段的学习任务。企业和学校在教学内容中没有编制具有针对性的教学大纲。教学内容的不统一导致学校和企业的教学错位，不能达到预期的效果。同时，很难建立起统一的教学考核标准和反馈机制，使得顶岗实习的效果大打折扣。

濮德锁、林红明等（2017）认为现代学徒制下的中职旅游服务与管理专业校企课程对接的思路为：以工作过程为导向，整合导游行业从业人员资格标准、合作企业岗位用人标准的职业资格目标、学历教育目标、学生个性化发展目标为本专业课程体系的培养目标，构建企业主导、学校主体的职业能力为核心的课程体系。按照“工作任务→职业能力→对应课程”的校企课程对接原则，分为专业基础能力培养、综合能力培养和技术岗位能力培养三个阶段，构建校企课程体系，并推行企业认知、导游实训、综合能力实训、顶岗实训等实践教学。对应三个阶段的是将课程体系分为三个课程模块，即专业基础能力阶段课程模块、综合能力培养阶段课程模块和技术岗位能力培养阶段课程模块，三模块课程内容的实施由易到难、由低到高，能力培养逐步提升。

（四）现代学徒制培养模式下瓶颈分析

现代学徒制是企业工作本位职业培训与学校本位学历教育的紧密结合，是产与教的深度融合，其核心要素是校企一体化双元育人、学徒具有双重身份等。因此，要充分发挥现代学徒制培养模式的优势，需要学校与企业深度合作，教师与企业师傅密切配合，切实做到校内理论课堂和企业实践课堂无缝对接。但是在实践中，依然存在一些教学瓶颈，制约着二者的深度融合。

1. 理论教学目标与岗位目标无法完全匹配，导致学习积极性受阻

现代学徒制的教学目标应该是校企双方在教学情境与真实职场环境交互中共同建构与实现的，教学目标应符合某一企业具体岗位的特点，具备特殊性。但是，校内教师在教学实践中制订教学目标仍难以摆脱学科导向，为保证知识体系完整性，使得教学目标偏向单一普遍性、行为性。在理论教学中，教师往往会忽略学徒的行业企业背景，完全从理论知识的角度去制订教学目标，致使教学目标与岗位所需脱节。部分学生学习过程中认为课程与职业关联度低而丧失学习兴趣。

2. 教学内容与工作内容脱钩，不能及时“学以致用”

校内课堂由校内专任教师主导，以讲授为主，介绍基本专业理论知识与技能。企业课堂则以实践为主，企业师傅负责对学徒的工作过程给予指导、建议和评价。这样的安排由于教师与企业师傅所授知识体系的不匹配，往往导致理论学习与工作实际脱节，所学不能及时有效的运用。

3. 学徒学习基础参差不齐，影响知识、技能的吸收

目前，现代学徒制的招生基本采取的是自主招生模式，学徒起点要求是中职毕业生或高中毕业。对学生的录取着重考虑三个方面：员工身份、中级技能证书和基本的理论素养。相对于高考入校的学生而言，学徒理论基础相对薄弱，且年龄跨度较大。这对教师的授课和学生的学习都是极大的挑战。受教学进度的限制，教师必须在规定的时间完成授课任务，导致学徒对知识、技能的吸收差异化显著。

4. 课程学分制实施面临困境

当前，相比普通教育中落实完善的学分制，职业教育中的学分计算问题、学分制改革问题仍值得探讨。目前我国职业教育课程实施过程中，并没有统一的学分计算方法，职业院校大多沿用普通教育中的学分计算法，通过定量的学时数折算成学分数。这种计算法不能明确记录职业教育学生已获取的知识和技能，造成大量重复学习的发生，浪费了时间和精力，削弱了学习的积极性。对于组织机构而言，职业教育课程学分制认可体系的缺失，会使我们原本就匮乏的教育资源不能公平地分配，降低其利用效率，造成浪费。

（五）高等职业教育实施现代学徒制的瓶颈和对策

“以服务为宗旨，以就业为导向”是职业教育一直以来所坚持的办学方针，目的就是让学生能够学会本领和技能，从而能够在社会中立足，更好地为社会服务。例如，药学职业教育对学生的“德行与技能的统一、理念与行动的统一、经验与反思的统一”的培养目标有着更高的要求，而将传统的学徒制融入到现代药学职业教育当中，不仅成为了技能型人才的重要培养模式，而且保证了药学技能知识的传承和发展，对于推进产教结合与培养高素质人才都具有十分重要的意义。但是在学徒制教学模式融入到现代职业教育的过程中却存在着制约其发展的瓶颈，如何能够突破这些瓶颈，是当前职业教育迫切需要解决的难题。

1. 高等职业教育实施现代学徒制的现状

高等职业教育实施现代学徒制对于推动校企融合起到了十分重要的作用。例如某学校为了在激烈的人才竞争中培养专业的技能型人才，并且能够顺利进入校企合作单位工作，该校率先推行学徒制的教学模式。现代学徒制主要以校企合作、校内实训、顶岗实习等形式开展，在学徒制推行之后，学生通过观察师傅的诊断与治疗的过程，学习到目标技能的“大概模型”，并了解使用技能的关键所在，促进了学生自身的发展。各个企业对现代学徒制的教学模式也表示很感兴趣，并表示十分希望与学校在后续专业建设和发展上开展深度合作。学徒制不仅实现了毕业与就业的有效对接，而且满足了企业对人才的需求。

2. 高等职业教育实施现代学徒制的瓶颈

（1）在理念上存在一定误区。政府、企业、学校以及教师作为现代学徒制实施过程中的重要要素，在实施学徒制的理念上仍存在着一定的误区，主要体现在以下几方面：①部分地方政府部门没能从当地经济发展与职业教育关系以及职业教育发展新视角来重视现代学徒制。②企业由于其对于学徒班的学生毕业之后不在本企业就业的担心，从而缺乏参与现代学徒制的热情，思想认识较为狭窄，忽视了企业为整个社会的经济发展而培养高素质人才的责任与使命。③高等职业学校由于现代学徒制的实施会为之前稳定的学校管理模式带来冲击与变革，以及在实施过程中必然花费大量的时间、物力、财力等因素，使学校在实施学徒制的问题上缺乏实施的动力与热情。④现代学徒制使学校教育所实施的形式、制度以及内容等方面在一定程度上都发生了变化，使得教师与企业师傅对于自身应该承担的工作感到迷茫和困惑，从而缺乏相应的知识储备和技能训练。

（2）缺乏明确的法律法规。将现代学徒制融入高等职业教育教学的内容之中，必须以政府政策的支持以及投入的经费、企业参与职业教育的整体过程为支撑。随着教育改革的不断深化，部分学校践行着学徒制的应用探索，但是即使教育部高度重视现代师徒制的试点工作，但是国家层面上却存在着一定的不足。主要体现在以下几个方面：①缺乏对现代学徒制的调控。关于现代学徒制的相关法律规定大多都是以校企合作以及工学结合为主要内容，相对来说较为宏观。国家以及各级地方的相关法律法规中，并没有澄清一些重要的法律关系，对于现代学徒制的规定也不够明晰。例如，其中对于现代学徒制中的“学生”在身份问题上就没有明确的限定，使现代学徒制无法进行有效的具体操作，从而影响了现代学徒制在学校教育中的实施效果。近年来，我国倡导职业教育与企业进行合作，但却往往促使学校与企业之间的合作演变成与感情相关的偶然性支持，甚至一部分已经沦为短期的功利性资助。用人企业作为高等职业教育评价的第三方，却始终缺乏调控职业学校的利器，从而使得我国的职业教育长时间以来都没有取得任何实质性的发展。②缺乏具体的创新举措。由于我国现代学徒制的职业教育建立时间相对较短，导致其文化氛围比较贫乏，尤其缺乏对企业的激励以及产权机制的创新。多数企业对现代职业教育及其培训制度的认识不够，公民意识与社会责任感也不强。长期缺乏参与职业教育责任与义务的担当精神。而且，企业在参与职业教育的过程中无从获得财政补贴、税收减免等方面的经济辅助，导致了企业缺乏参与现代学徒制教育模式的热情。同时，在学生到企业进行学习的过程中，其所获得的合理报酬并未有与之相应的较为明确的激励和支持政策。正因为缺乏创新举措的支持，导致我国现代学徒制在实施过程中缺乏基本的保障机制。

（3）教学评价机制不健全。现代学徒制主要以交替式作为培训和学习的主要方式，这种方式在实施的过程中呈现出更加灵活与富有弹性等特点。现代学徒制进一步深化了工学结合的人才培养模式，对教学评价制度的改革也提出了新的要求。而企业作为当前学徒制培训学习的重要场所，以职业院校以及培训机构的专业知识作为技能培训的理论基础，但是校企在对工作进行管理、监督与评价以及认定学分、制订教学计划等方面却过于注重形式。尤其是在对学生进行教育的实施阶段缺乏与现代学徒制相适应的评价管理机制。绝大部分的院校在学生进入企业实习的过程中都降低了责任意识，认为学生在实习之后就不必再对其进行教育与管理，所以学校和老师在对学生的顶岗实习任务进行评价时仅以企业出具的证明为依据。同时，企业却认为考核评价是学校老师应该承担的责任和义务，并且对考核评价采取应付、无所谓的态度，从而导致了实习考核与实践教学过于注重形式的局面，使得学校和企业缺乏对学生实习过程的双重指导和管理，并且缺乏对学生在实习的实践过程中的科学全面的评价。

（六）高等职业教育实施现代学徒制突破瓶颈的对策

1. 加强对先进职业教育理念的引导

一个国家的职业教育直接影响到其社会经济的发展。高等职业教育在实施现代学徒制教学模式的过程中，必须加以宣传和引导。高等职业教育只有在做到职业技能与道德文化修养均衡发展的前提之下，才能受到社会更广泛的关注和认可。在一定文化环境中才存在着教育，因此，职业院校与企业单位理应不断借鉴和学习流传了数千年的传统“师徒”文化的精髓，而推行和实施现代学徒制的教学模式正是对其的接纳和传承。通过对进行校企合作成功的试点进行网络、报纸、电视等媒介的宣传与推广，以及建立一系列的技术创新与技术改革的鼓励机制，来提升现代师徒制的社会形象和公众影响力。再由政府对其进行广泛的推广与鼓励，并将其所获得成果计入学校和企业的绩效考核之中，通过建立地方各层次的现代学徒制教学成果激励制度，来对取得重大成果的个人及单位进行精神和物质上的奖励，从而实现引导现代学徒制教育理念的目标。

2. 完善现代学徒制相关法律法规

任何一种行为都必须以制度或法律的方式加以约束，现代学徒制也是如此。为了能使其呈现出良性发展态势，就必须对其做出强制性的要求和规定。对于现代学徒制教学模式相关法律法规的完善，本文提出了以下两方面的建议：①通过促进校企合作、职业教育细则等方面法律法规的完善，来确立现代学徒制教学培训的法律地位，使企业、学校以及学生明确各自的权责利益关系，从而为现代学徒制的试行和推广提供法律依据与法律保障。②通过地方政府具体规章政策的出台，来鼓励企业接收实习实训的学生。其一，将企业参与职业教育、校企合作等举措作为考核企业资质年审与升级审批的重要指标，并减免或补贴学生实习培训的企业单位。其二，将对学生进行实习实训指导纳入企业员工职称的评定指标，并奖励通过指导使学生取得优异实习成绩的企业或个人。

3. 建立健全全面科学的评价机制

在教学管理的过程中，必须做到工学的合理衔接。然而，随着教育教学模式的不断改革与发展，传统的以课堂为中心的评价机制已经无法满足当代社会的需求。因此，必须对现行的评价机制进行更新与完善，实行由校企双方共同参与的兼具合理性与科学性的评价机制。为此，该文从以下方面进行简要论述：

（1）实行过程考核制度。设计符合学生特点的培养方案，通过对学生的课业学习情况进行定期考核，并结合特定的工学结合的课程教学目标，来对学生进行及时的沟通与反馈，使学生的学习质量在学习的过程中得到有效控制。

（2）实施发展性学习评价即对学生的长远发展做出评价。重点突出对学生职业素养、文化道德素养等方面的评价，重视对学生的学习品质、知识结构以及能力结构等做出可持续发展方面的评价。这种评价制度应在校企合作中得到贯彻落实，并将其体现在实施现代学徒制的各个环节之中。

第五章　现代学徒制在职业本科教育中存在的实际困境及对策

一、“职业本科”与“现代学徒制”的内涵

（一）“职业本科”教育内涵与界定

高等职业本科教育（Higher Vocational Undergraduate Education）是一种独立的全日制本科层次的专业学位型教育，是一种独立的全日制本科层次的职业型学历教育，是相对于以学科型人才培养为目的的普通本科教育而言的高等教育类型，与普通本科教育处于同一层次不同类别，其目的是培养具备扎实的专业基础理论知识、具备较高的职业素质、掌握较高的职业技能和应用技术、适应特定职业或行业实际工作需要的应用型高层次专门职业人才。

从学位教育角度，全日制普通本科教育应该准确地称为学术型学位学士教育，而高等职业本科教育应该准确地称为专业学位型学士教育。从学历教育角度，接受全日制普通本科教育的学生应该准确地称为学术型学士本科生，对应着学术型的本科学历，而接受高等职业本科教育的学生应该准确地称为专业学位型学士本科生，对应着专业学位型的本科学历。高等职业本科教育与普通本科教育并行，两者共同构成了完整的全日制本科层次的高等教育体系。

伍先福、陈攀等认为“职业本科”教育即指本科层次的高等职业教育，其内涵与传统说法的“本科高职（或高职本科）教育”相当。

王毓认为我国目前职业本科教育与普通本科教育在招生、人才培养、毕业评价及文凭授予等环节上的差异，以及教育主管部门文件中“应用型”和“职业型”的不同表述，都反映了实践领域对“职业本科”教育人才培养的定位。“职业本科”教育突出人才培养应以职业岗位人才需求为本，围绕核心职业能力和职业规范素养等选择和组织教学内容。人才培养方案建构的逻辑起点是职业岗位能力要求。职业本科教育作为现代职业教育体系的重要组成部分，其人才培养定位应凸显“职业”特点，以专业为核心，明确具体的专业设置标准、专业教学标准、职业人才能力标准。

“职业本科”包含从字面上应包括两个概念：一个是职业（教育），即围绕职业为目的的教育；另一个是本科（层次教育），即本科层次的教育。《辞海》中的“职业”是指“个人在社会中所从事的作为主要生活来源的工作”，“职业教育”是指“给予学生或者在职人员从事某种生产、工作所需的知识、技能和态度的教育，分就业前和就业后两类。”

本研究无法精准论述“职业本科”的具体定义，但认为“职业本科”的内涵至少包括以下四个方面：

第一，在教育类型上，“职业本科”应归属于 ISCED 的 5B2 教育类型，即是职业教育的其中一个类型。联合国教科文组织批准的《国际教育标准分类法 (ISCED)》(1997 年修订稿)，第三级教育中序数为 5 的第一阶段相当于专科、本科和硕士生教育。在这一阶段中，又可分为 5A(理论型) 和 5B(实用技术型) 两种类型。5B 教育可对应我国的职业专科 (5B1)、职业本科 (5B2) 和职业硕士教育 (5B3)，其中的本科层次 (5B2) 即是职业本科教育。

第二，在培养层次上，“职业本科”是本科层次的教育水平，按照我国《高等教育法》第十六条第二款规定，本科学生的基本规格和质量标准为“掌握本学科、专业所必需的基础理论、基本知识、掌握本专业必要的基本技能、方法和相关知识，具有从事本专业实际工作和研究工作的初步能力。”因此，在基础理论掌握上，“职业本科”应明显高于高职或中职的教育水平，可较低于普通高等教育本科，又低于硕士层次的教育水平。在实践能力上，高于高职或中职的教育水平，较高于普通高等教育本科。

第三，在培养目标上，“职业本科”是学术基础理论与职业操作技能兼具的职业型（或应用型）人才。“职业本科”教育的“职业性”使其培养目标的定位应着重于职业的操作性、应用性、创新性、综合性等多个方面，直接与社会职业对接是其培养目标定位的目标取向。

第四，在培养模式上，“职业本科”教育包含本科高职，应该说本科高职是“职业本科”的一种类型。“职业本科”在专业培养上，既讲求基础理论又强调实践教育，基础理论应接近普通高等教育本科，实践教育应明显高于高职教育。在培养方案上，“职业本科”应是公共基础 + 学科基础 + 专业应用 + 职业技能（证书）+ 综合素质的综合性培养体系。在教学安排上，“职业本科”应是校企共同培养，校企合理分工，理论和实践并重，突出职业能力培养，重点在于与社会职业的精准对接，主张全面综合素质和社会适应能力与职业匹配。

本研究认为“职业本科”应包括以下三类院校：

（1）定位为应用型的普通高校院校、民办院校等，如一般本科院校、独立学院、民办本科院校等；

（2）普通本科和高职教育结对（或分段分层）培养的本科院校，这种学生经过高职教育直升（或经过相应考核）本科，达到本科教育水平；

（3）本科高职。

（二）“现代学徒制”的内涵及界定

“现代学徒制”是职业本科教育的重要抓手和纽带，它为职业教育提供了重要的育人方式和方法，准确理解和把握“现代学徒制”的内涵具有重要的意义。“现代学徒制”的内涵是相对传统学徒制而提出的，是传统学徒制的发展与创新，目前尚无明确定义。通过文献法，查找相关概念，研究者对其定义也有不同。对比传统学徒制发现，传统学徒制又称收工学徒制，是传统的手工作坊或店铺中通过师徒共同劳动，在一种高度情景性的环境中师傅指导徒弟学习知识和技能的一种技能传承方式。其特点在于没有系统的理论学习过程，强调学做结合、边学边用、全程指导等。而现代学徒制是相对传统学徒制而提出的，是它的发展和创新。现代学徒制是政府引导、行业协会深度参与，依托校企深度合作，由高校教师和企业师傅共同育人的一种现代人才培养模式（见图 5-1）。它强调边学边用，边生产边学习，学用融合、产学融合，学中做和做中学，强调职业能力为本位，以岗位技能培养为目标，既兼顾理论学习系统性，也要求岗位实践全程教育，是校企合作、产教结合、工学交替、理实一体并在法律保障条件下的一种双元育人模式（见图 5-2）。

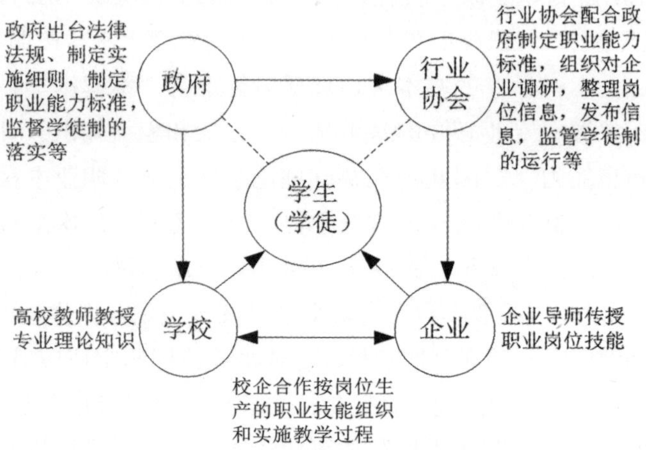

图 5-1　现代学徒制人才培养模式示意图

图 5-2　现代学徒制的内涵要点

“现代学徒制”中的“现代”含义是针对传统学徒制而提出的，“现代”的内涵（见图 5-3）主要表现为：学习主体的身份由单一的徒弟身份转变为学生和学徒的双重身份，学生（学徒）既有学生的理论学习任务，也有徒弟的岗位实践任务，学生（学徒）两种角色的融合表明了学习过程势必是理实一体、工学交替的结合；地位从原来的从属于师傅，由师傅养活徒弟，转变为师徒平等并受法律保障；时间和空间上由单一的在作坊或店铺工作，转变为时间和空间上“工学交替”的学习模式，时间上工和学交替进行，空间上在学校与企业间交替进行；考核方式发生重大转变，传统学徒制是由师傅进行的单一实践考核，现代学徒制则由企业师傅和高校教师共同考核，学生（学徒）还可接受行业协会职业能力鉴定或通过国家的职业资格考试等。

图 5-3　现代学徒制中“现代”性的内涵

二、“职业本科”教育需要现代学徒制培养模式

1. 从实施方法上说，现代学徒制是推进我国职业本科教育的最好路径

国家大力推行“现代学徒制”，是目前我国职业本科教育找到的最好路径，目前没有其他更好的方法可以取代，因此，国家当前也在高位推动现代学徒制的落实，校企合作、工学结合都是现代学徒制的基本形式和内容。同时，现代学徒制有其在国际发达国家通行的高度认可和成功模式，对我国具有很高的借鉴意义，有了“前车之师”，就可以避免“盲人骑瞎马”很多措手不及的问题。

2. 从教育属性上说，“现代学徒制”与职业本科教育目标高度匹配

“现代学徒制”是一种以企业培养为主体，职业岗位实训为主要内容的职业教育制度，符合职业本科教育的目标，与我国社会发展需要的人才定位高度匹配，是技术技能型人才培养的有效抓手和重要纽带，是一种有效、快速提升学生（学徒）职业能力、技术技能的好方法。

3. 从实施条件上说，实施职业本科的“现代学徒制”已有扎实基础和条件

我国已经历几十年的职业教育，校企合作、工学结合等培养模式取得了不少成绩，为实行职业本科的“现代学徒制”起到了很好的铺垫作用，为学生（学徒）招生就业、职业学习范式等众多过程提供了更好的有利条件和前期经验，为深入推进现代学徒制提供了理论、经验等保障。

三、现代学徒制影响因素的鱼骨图分析

现代学徒制实施成功与否的影响因素除包括政治、经济、文化、制度等宏观环境之外，还需要法律保障、政策支持、经费资助、校企合作、企业参与、社会认同等客观环境。当前，现代学徒制在实践中遇到了诸多困境。通过对四所院校实地调研，总结其中的共性问题和分析个性问题，对调研数据进行归纳梳理，通过鱼骨图的分析方法呈现出来。鱼骨图（又名因果图、石川图），是一种发现问题原因的分析方法。其特点是简便实用、层次分明、条理清楚，有助于表明原因的主次关系和相互影响。文章采用鱼骨图法对调研四所高校现代学徒制实施存在的问题进行总结分析（如图 5–4）。

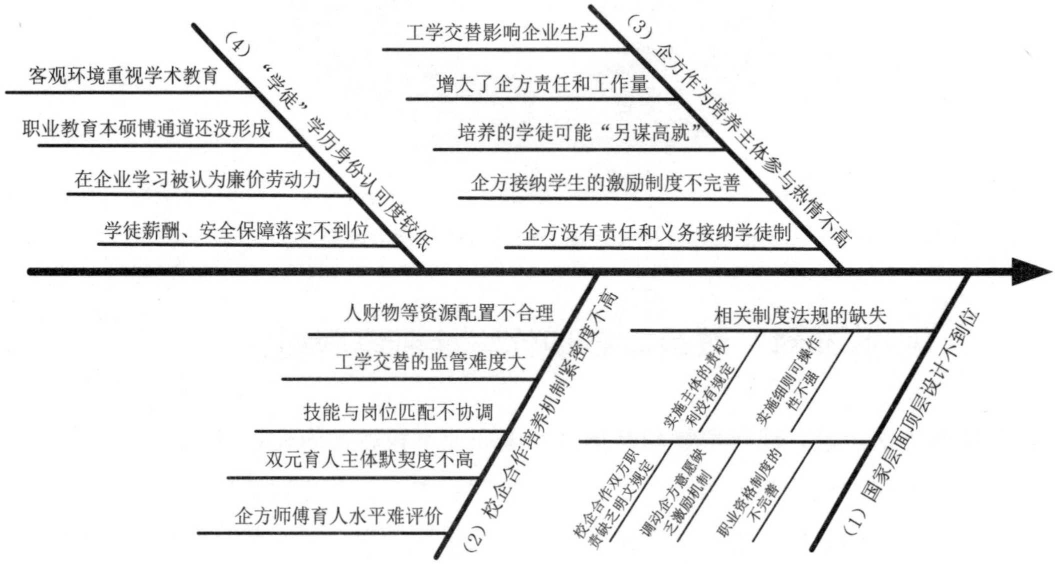

图 5–4　现代学徒制问题的鱼骨图分析

通过调查发现现代学徒制实施中存在问题的主要原因包括四类：国家层面的顶层设计不到位；校企合作流于形式，有效制度不健全；企业参与热情度不高以及“学徒”学历、身份认可度较低等。国家顶层设计不到位主要表现在制度法规缺失、具体实施对策缺失等；校企合作流于形式，有效制度不健全主要表现在人财物资源配置不合理、工学交替监管难度大、知识与技能要求匹配程度不协调等；企业参与热情度不高主要表现在工学交替影响生产、企业方的责任和工作量巨大、企业接纳的激励制度不完善等；学生（学徒）学历身份认可度低主要表现在现有教育更重视学术教育、职业教育本硕博通道还没有形成等。

四、针对鱼骨图分析结果存在四方面困境的原因解析

“现代学徒制”实施的现存问题既有宏观层面法律保障体系不完善等问题，也有微观

层面校企合作流于形式等现实原因，主要原因分述如下。

（一）国家缺乏详细顶层设计，法律法规制度不到位

从国家层面来看，现代学徒制的实施意见主要在国务院和部委的文件中，都是导向性和建议性的措施。具体实施层面来看，主要表现为两个方面缺失：一是相关制度法规的缺失。现有《职业教育法》《劳动法》中条款对“现代学徒制”的阐述相对落后，现代学徒制实施主导性意见主要存在于教育部门的政策性文件中，相关内容仅仅是“意见”，这些“意见”不同于法律法规，没有强制性作用。如对现代学徒制中双元育人主体职责、企业责任与义务、企业师傅地位和待遇等都是建议性的，法律效率较低；对学生的“学徒”身份也缺乏明确规定，如学生（学徒）社会地位、薪酬福利、保险安全等保障程度低；在职业资格认证方面，缺少与专业教学标准对接，如职业资格认证的关键技能与嵌入的学习内容相关性差。二是缺乏详细具体、操作性强的实施细则。主要表现为缺少配套系统的实施条例和实施细则。如在校企深度合作职权、义务、违约等方面，建议的多，规定的少；在调动企业参与意愿方面，制度层面也是非常乏力，具体激励和约束机制不健全，鼓励的多，落实的少；在企业师傅的遴选、考核、培养、评价等方面，制度基本处于空白，含糊的多，明确的少；师傅选拔要求方面“标准动作”少，“自选动作”多，对师傅聘请基本是学校自己的行为，不是一种制度行为。

（二）校企合作形式大于内容，有效责任制度不健全

现代学徒制是更深层次的工学交替的人才培养模式，需要更多人力、财力和物力，人财物资源的配置有赖于政府的调节和政策倾斜，也有赖于校企合作的深度。现实困境是校企合作的深度还不够、关系还不密切。深度不够的表现主要在于“谁管理、谁负责、谁承担、谁评价”等主体不明、责任松懈，工作怠慢，推诿、扯皮常见于各个环节。常见的问题有：“工学交替”监管缺失，学习过程中时间上要求工和学交替进行，空间上要求在学校与企业间交替往来，常出现责任主体监管的缺失，教师管不着、师傅懒得管；校内理论教学的内容与企业师傅指导的技能所需匹配度不高，校内教师与企业师傅的教学默契度不高，衔接不好，常出现理论教学与技能学习之间脱节，基础知识不适用、不管用等问题；企业缺少工作岗位让学生（学徒）参加岗位实训，走马观花的实训多数存在；学校教师和企业师傅没有对课程的内容进行重构设计，双元育人过程的内容、标准、尺度、评价等都缺少依据。另外，双元育人主体中尤其是企业师傅应该承担哪些育人工作，完全没有制度约束，基本靠师傅自己个人意愿，对企业师傅的考核和评价也存在较大困难，企业师傅毕竟不是系统从事教育工作的人员，对指导过程的育人模式和手段，缺乏相应的认知和训练，育人质量较难保障。

（三）企业参与意愿不高，激励制度不健全，落实乏力

实际情况来看，企业作为一种以经济效益为目的实体，参与现代学徒制的积极性并不高，主要原因有：一是对企业而言，在完全自由的劳动力市场环境下，培养的学生（学

徒）未必能为己所用，而且企业需要用工时，不必花费多少成本就能在劳动力市场招聘到人员，企业更多是基于用工成本低，培养大规模流水线作业人员等稳定因素参与其中。二是企业需要为学生（学徒）安置日常生活，配置企业师傅，这会增加企业的管理难度和师傅的工作量，对正常生产造成影响时会增加企业的生产成本；三是学生（学徒）学习的前期不能完全适应岗位的技能要求，尤其是技能要求高的岗位，如果学生（学徒）操作不当反而给企业造成经济损失；四是企业的核心技能受到威胁，如果传授给学生（学徒），培养成熟的学生（学徒）可能另谋出路，“出卖”企业，企业培训投入无法得到回报；五是企业要承担学生（学徒）日常管理，尤其要承担学生（学徒）的人身安全等责任，给企业管理带来难度；六是国家没有严格法律法规强制要求企业必须接纳学生（学徒），同时政府缺少相应政策引导和激励补偿，如对企业生产造成的影响如何补贴，企业师傅的待遇如何解决等都无操作细节。因此，基于上述原因，多数企业参与现代学徒制的意愿不高。

（四）学生学徒学历和身份认可度低，职业通道狭窄

虽然国家大力宣传现代学徒制，但学生和家长对现代学徒制的认可度仍然普遍偏低。主要原因有三，其一，我国高等教育和人才市场较大程度重视学术教育，职业教育毕竟是学生和家长的一种“无奈”选择。学生（学徒）毕业后一般获得中专或大专学历，国内还明显缺少职业层次的本科教育，目前研究生学位主要有学术学位和专业学位两种，学术学位占主要位置，这与我国的国民经济发展并不适应，专业学位部分高校也是形同虚设，培养方式和评价方式依然按照学术体系培养模式，没有落实“专业学位”的真正意义。其二，我国已在工商管理、公共管理、教育、法律等39个学科设立专业学位，但从我国市场需要的人才数量来看，这远远不够。我国的各类职业数千种，分成大类也有上百种，专业学位的种类和数量都没有完全和市场对接，与学术体系培养的通道区分不明显，职业教育的本硕博通道没有真正形成。其三，“学徒”在中国传统文化中常被暗示身份地位相对较低，一般学生和家长认为，到工厂做学徒就是到企业做劳力的。事实确实如此，学生（学徒）确实多数常被当作劳动力、普工，缺乏师傅指导，学习内容也是低端作业，完全没有“高等”教育的内涵。另外学生（学徒）薪酬、保险、安全等基本保障也难以落实，学生（学徒）基本权益常被无法落实的事实“淹没”。

五、针对上述困境提出推进现代学徒制的对策

目前，我国的校企合作深度不够，主要缺乏市场化维度的考量，构建合适我国国情的现代学徒制根本在于加强制度建设。基于市场利益考量，探索社会制度与企业发展联系，挖掘现代学徒制，建构内生动力和外部环境，从宏观层面制度、中观层面行业以及微观层面企业、学校和学生（学徒）利益等系统考量，构建一套完整体系的现代学徒制发展机制。

（一）出台法律保障制度，解决法律法规不到位的问题

当前，我国应修订《职业教育法》《劳动法》等相关法律制度。《职业教育法》应适应我国现代学徒制发展的需要，当中应明确现代学徒制法律地位，明确政府用于职业教育学徒制的经费预算标准及预算比例等。应统筹规划、组织管理、评估监督，明确规定中央和地方政府、行业协会应采取的保障措施和基本制度，引导企业接纳学生“学徒”。详细明确政府、行业协会、企业、学校、学生（学徒）在现代学徒制实施过程中的责权利，使参与各方受到法律的约束和保护，出台与《职业教育法》相匹配的《现代学徒制实施条例》或细则，补充可操作性强的条款。制定企业参与学徒制教育的政策细则，明确激励性政策，安排专项基金支持校企合作，包括企业培训经费、培训补偿、奖励补贴等，在政策上给予支持，赋予其一定的经济所得，如税收减免、财政资助、经费补贴、荣誉激励、政府购买服务（岗位）等。修订《劳动法》，应把校企合作协议、学生（学徒）劳动合同等纳入法律保障范围，明确学生（学徒）的薪酬、医疗、保险、安全等内容，通过政府购买服务（岗位），增加学生（学徒）的岗位职数，为学生的顶岗实训提供便利，减轻企业的负担。出台企业师傅的遴选、培养、考核、评价、待遇、上岗制度等细则。只有建立完善的法律保障体系，才能有效地推进现代学徒制的落实。

（二）落实管理工作机制，解决校企合作流于形式问题

建立“国务院部委—省自治区政府—地方政府”的学徒制三级管理政府机构，明确各级管理机构的职责。形成政府主导，行会协会、企业、学校、学生（学徒）等多主体参与，责任分工明确的运作机制，明晰现代学徒制管理制度、政策制定、过程管理、质量监督、育人过程的责任主体。国务院部委负责现代学徒制的总体设计、统筹规划、法规建制等；省自治区政府管理部门负责制定本省的现代学徒制实施规范，加强对高校和企业的引导，监督和监管学徒制的实施情况；地方政府管理机构负责为校企合作搭建平台、组织校企对接，帮助解决实施中的困难。现代学徒制实施则由企业和学校共同完成，落实现代学徒制管理工作机制，由政府监管，行业协会督导，校企定期召开教研例会，探讨现代学徒制实施过程的教研机制，保障现代学徒制的正常运行，校企互动共同开发课程，制订人才培养方案，落实开课计划、授课计划、学时安排等具体方案，健全“管理手册”和“跟踪单”记录工作机制，详细登记学生（学徒）身份、实训计划、实训时间及实训项目与内容等信息。企业应整合岗位关键技能，系统开发和设计工作岗位—关键技能—课程体系对接的学习型岗位。国家应建立更科学的职业能力考核体系，按照职业能力标准，对关键职业技能设立考核点，采取省考、市考或行业鉴定等多层次的考核方法，每年集中 3~4 个时间段进行统一考核，对不在关键职业技能考核点范围的由学校和师傅共同考核。

（三）寻求校企合作利益平衡，解决企参与度低的问题

校企深度合作是现代学徒制实施的重要抓手和依托，没有深度的校企合作，现代学徒制只能是徒有形式。企业是一种以经济利益为最大化目标的组织，政府在调控和引导企业

参与学徒制时，切不可忽视其经济利益原动力。校企深度合作抓手应从寻找校企间合作的利益平衡点着手。学校的利益点一般是培养高质量的学生（学徒），为学校在招生、培养、就业等方面形成正面的社会声誉，企业的利益点一般是高技能人才需求、税收等优惠政策、社会声誉等方面，为企业在人才、效益、社会影响等方面形成正向的发展动力，作为实际传授技能的企业师傅的利益点主要有获得带徒津贴、寻求工作助手等。上述校企之间的利益点，有些是校企间可以互惠互利相互解决的，有些是政府必须出面主导协调解决的。在校企合作的形式、过程、内容等各方面找准利益边界，有序协调解决。诸如由政府主导，校企合作，互动互惠可以解决的双方利益需求，包括校企合作形式的订单培养、工学交替、“校中厂、厂中校”中的用工、用地等利益；校企合作过程的签订框架协议，校企联合培养、双元育人过程，学校介入企业生产，企业介入学校培养、顶岗实训中的人才招聘、科技合作、产学合作等利益；校企合作的跨区域职教集团，创办产业园区、建立创新创业园区等，还包括企业税收、学生（学徒）待遇、企业师傅待遇等问题。

（四）加强标准建设，解决学生（学徒）学历身份的问题

制订科学性、规范化、可操作的现代学徒制职业或专业库，出台与职业或专业库匹配的国家职业资格认证体系，建立全覆盖的职业总类体系（目录），建立和完善国家职业能力认证标准，按职业总类目录颁发职业资格证书，对于岗位数量少的特定小职业，可以通过职业能力鉴定颁发岗位技能证书。建立职业资格上岗制度或岗位技能证书上岗制度，建立职业资格证书与学历证书互认制度，如高级职业资格证书可以与高级职称或硕士学位互认，中级职业资格证书可以与中级职称或本科学历互认等。打通中职、专科、本科、专业硕博学位的培养通道，满足多元化学习需求。出台《课程框架标准》，明确学校和企业的知识技能传授范围与标准，对教师与师傅的“教什么、何时教、怎么教”全面进行规范。在此基础上，结合实际制订更加细致的课程标准、教学标准、评价标准等。制订课程内容与职业标准对接、学习岗位与生产岗位对接、教学过程与生产过程对接的教学过程标准。建立现代学徒制考核的学习过程、操作技能、工作环境的综合考核标准，完善和夯实以能力为本的评价体系和标准。政府、行业协会或教育部门应出台不同职业的企业师傅认证标准，对企业师傅应具备的技能、品德、学历、职称等各方面进行规范和要求，实施认证上岗。只有把标准建设好，才能保障现代学徒制的教育质量。

（五）推动建章立制，厘清主体的工作职责

实施主体的职责在法律法规、实施条例、实施细则和各种落实文件中都有体现。应加以明确，制订详细的职责清单（表 5–1），有利于避免推诿扯皮现象。

1. 政府的职责

完善法律法规，修订和制定《职业教育法》《劳动法》《现代学徒制实施条例》等法规，明确现代学徒制的法律地位，详细规定政府、行业协会、企业、学校、学生（学徒）在其中的责、权、利。颁发详细的国家职业资格认证目录和职业标准，制定详细课程框架

体系、专业教学标准、职业资格认证等文件；安排专项资金支持校企合作，制定从税收、场地、设备设施、经费、人员等方面激励企业参与的优惠政策；加强监督监管，促进现代学徒制的组织和实施。

表 5-1　主体职责清单

主体	职责清单
政府	完善和修订法律法规，包括修订和制定《职业教育法》《劳动法》《现代学徒制实施条例》；职业资格认证体系建设、专业教学标准建设；专项资金安排与扶持；监督与监管职责
行业协会	参与职业资格体系与专业教学标准建设；制订职业能力鉴定标准；调研岗位信息；制订企业师傅资格认证标准；协助政府落实相关工作
企业或第三方培训机构	与各主体对接；开发学习型岗位；参与高校专业设置、课程体系建设；企业师傅遴选、培训等；组织具体实施
高校	布局专业设置；优化和改革课程体系；对接企业开发课程体系，编写教辅资料；组织具体实施

2. 行业协会的职责

积极参与职业资格标准建设，组织校企专家参与职业资格标准制订，组织和实施职业资格考试、职业能力鉴定等。代表行业内企业的利益诉求，包括调研行业发展对人才需求的状况，发布岗位信息，宏观上帮助企业与高校对接；制订本行业的企业师傅资格认证标准，更多地在师资考核、质量保障等方面发挥其作用。

3. 企业或第三方培训机构的职责

设置专门机构或安排专门人员与政府机构、高校对接；主动承担校企合作职责，落实政府、行业协会的规定；把现有工作岗位更多的开发和设计成工作岗位—关键技能—课程体系对接的学习型岗位；参与高等院校教学研讨、专业认证、课程设置、培养方案、教学计划、教材编写等活动；落实企业师傅的遴选、培训、任务安排、资金等工作；组织实施现代学徒制实施条例规定的企方的任务。

4. 高校的职责

主动对接校企深入合作，以行业企业人才需求来确定专业设置与招生规模，以生产岗位技能需求来确定教学标准与教学过程；依据行业岗位能力要求，对课程体系优化设置和改革；主动与企业共同开发课程体系，共同开发具有延伸性、补充性和更新性的教材，编写根据岗位能力需求的教辅资料，编写与职业资格考试相匹配的教材，实现理论知识与专业技能知识的紧密结合；组织实施现代学徒制实施条例规定的高校的任务。

（六）加强主体协作，完善具体的工作机制

1. 多方主体协作工作机制

校企合作不仅是校企层面的合作，政府层面应形成自上而下、层次分明的组织和运行体系。以立法形式加强政府、行业协会、高校、企业的责权利，明确统筹规划、组织管理、评估监督、具体实施的合作机制，明确失责的约束与惩罚措施。政府引导，建立政府、行业协会、企业、学校和学生（家长）四方参与的协作机制，对培养方案、教学过程、实施细则进行详细认证，以保证决策的科学性、可操作性，保障各方利益。政府出台实施条例，对现代学徒制组织管理、企业与学校职责、激励与保障机制给予规定，激发企业参与积极性。建立政府为主导，教育部门、劳动部门、行业协会实施，企业与学校参与的监督管理体系，对企业、学校的培养过程、教学标准、岗位设置、师徒指导等进行监督监管，保障教育质量。建立一个包括教育部门、人社部门、财政部门、行业协会等在内的工作领导小组，提供政策、制度、资金保障。

2. 深化校企合作育人机制

开展现代学徒制的关键在于校企深度合作，校企合作利益根本点在于企业的需求。因此，在推进招生制度改革上，应以行业企业的人才需求为根本点，招生计划应更多的满足岗位需求，推进高校和企业联合招生，实现“招生即招工、入校即入厂”。根据岗位技能需求，校企共同研制培养方案、教学标准、计划安排，共同开发课程，编写教材，实施教学、组织考核等，做到校企融合的全程育人。校企合作根据所需探讨“工学交替”的最佳模式，采取弹性学制、学分管理，允许灵活多样的分时段、分阶段学习获得学分，建立严格的学分获得和认定制度，落实岗位训练过程中的表现“优秀”累计次数与学分转换制度。校企双方主动保障学生基本权益，落实校企共担的基本薪酬、保险、安全等事宜。校企共同实施考核，创新评价方式和考核制度，将学生（学徒）的学习过程、关键技能掌握程度、职业素养、岗位职责、学习态度等全部纳入考核。校企共同组建由专业教师、企业师傅组成的“校企合作教研室”，共同制订课程标准和课程内容，落实理实训练过程的分工与职责。

3. 赋予行业协会更多职权

政府应更多的简政放权，让行业协会积极参与现代学徒制管理，完善行业协会工作机制。政府应赋予行业协会一定的实权，允许其在法律法规制度内行使其权利。理顺行业协会在职业资格认证和职业能力鉴定上的角色，对于岗位需求量大的行业由政府组织职业资格认证，对于岗位需求量小且属于小行业的职业可由行业协会自行组织职业能力鉴定；建立行业协会对本行业内岗位需求量的统计年报制度，有利于掌握企业岗位数量与规模。行业协会有义务督促和指导企业落实现代学徒制，组织和实施职业资格考试与职业能力鉴定。在培养模式上，我国现代学徒制培养模式主要是订单班或冠名班，一般适合于大企业或用工量大的企业，但对于经济规模小或用工量小的企业则不适合。小企业无法采取订单班培养，应发挥行业协会的工作职能，引导企业采取片区或同类型小企业联合与高校合作共同实施订单培养，这样有利于整体调控，增加岗位数量，节约培养成本。

（七）推进标准建设，建立详细的标准体系

1. 健全职业能力认证标准体系

出台国家职业资格能力标准体系，建立全覆盖的职业总类体系（目录），建立和完善国家职业资格认证体系，按职业总类目录颁发职业资格证书，对于人才需求量少的特定小职业，可以通过职业能力鉴定颁发职业能力证书或岗位技能证书。严格按照职业能力标准鉴定学徒职业能力，提高职业资格证书含金量和权威。建立职业资格上岗制度，获得职业资格证书的人员可以在行业内自由流动，全行通用。建立普教与职教交叉融合、纵向流动、双向沟通的教育体系和“立交桥”，打通中职、专科、本科、专业硕博学位的培养通道，满足学徒多元化的学习需求。建立职业资格证书与学历证书互认制度，如高级职业资格证书可以与高级职称或硕士学位互认，中级职业资格证书可以与中级职称或本科学历互认等。

2. 制订关键能力为主培训标准

政府主导，由行业协会、企业（主管、师傅）、高校（领导、专业教师）共同参与制订的培训标准。行业企业对岗位技能非常熟知，应充分发挥行业企业主导作用，联合高校参与，制订从理论体系到技能体系一体的培训标准，包括与职业资格相匹配的培训纲要、培训内容和技术规范，以及岗位本身所需的特定技能标准和可迁移的基本技能。高校应结合职业能力标准把培训标准细化到课程体系中，把关键职业能力转换成核心课程的内容，企业应结合职业能力标准把培训标准落实到岗位技能培训中，把关键职业技能嵌入岗位技能培训中。高校和企业应严格按照职业资格考试内容（职业能力鉴定内容）和培训标准实施现代学徒制培养目标。

3. 建立企业师傅资质认证标准

企业作为现代学徒制培训的主体，其经济规模、信誉品质、岗位容量、师傅素质等都是影响现代学徒制实施的重要因素。经济规模、信誉品质、岗位容量是宏观的因素，可以通过政府或行业协会鉴定进行认证，只要通过认证，企业即可承担学徒制培养。目前迫切需要解决的是企业师傅的资质认证问题，政府或行业协会应出台不同职业的企业师傅认证标准，对企业师傅的技能、品德、学历、职称等各方面进行规范和要求，实施认证上岗。获得认证上岗的企业师傅根据培养学生（学徒）的数量和质量可以到政府领取师傅津贴，对培养质量较高的师傅进行物质和荣誉奖励。

4. 制定培训过程监管工作标准

出台各类职业教学培训和监管工作标准。教学培训标准主要包括政府或行业协会制定教学培训的纲领性文件，在这个纲领性文件下，由校企共同制订课程内容与职业标准对接、学习岗位与生产岗位对接、教学过程与生产过程对接的教学过程标准。明确学校和企业在培训过程中各自的职责，明确学生（学徒）理论学时与岗位学时，做到对参训时间、内容、要求等都有标准可依。培训过程监管是质量监管的关键环节，国家、行业协会、企业、学校都是监管主体，设立资格证书监管、学徒制运行监督、教学培训指导、技能实训督导的全覆盖监管制度，建立分层级、分职责立体式质量监管体系，采用各种方法对实训过程监

管，健全“管理手册”和“跟踪单”制度，登记学徒身份、实训计划及实训过程等监管的关键信息。

5. 夯实能力为本过程评价标准

建立现代学徒制考核的学习过程、操作技能、工作环境的综合考核制度，完善和夯实崇尚一技之长、凭能力不唯学历的评价体系，以过程为评价点，客观评价学生（学徒）在真实场景中的职业能力，重点考核工作岗位中关键技能的嵌入能力，从技能水平、操作能力、熟练程度、应变技巧等方面把握。从评价方式、评价主体、评价内容、评价过程方面健全评价标准，分类、分层制订不同岗位、不同层级的考核评价标准，尤其应确定岗位关键能力的评价标准。实施多元主体包括教师、师傅、企业在内的多主体评价体系，评价结果可分为优秀、良好、合格、不合格四个层级。制订详细评价过程的跟踪体系，建立流水记录的“管理手册”和“跟踪单”。增加年度评价考核的次数，允许学生（学徒）无限次参加评价，直至达到合格为准。

六、小结

自 2014 年我国出台《关于加快发展现代职业教育的决定》以来，各地紧抓职业教育发展机遇，紧密落实现代学徒制试点工作。从整体上看，现代学徒制已成为我国职业教育的重要抓手，得到各级教育部门、行业协会、高校、企业的认同。但我们应清醒地意识到，找到了“好方法”，不一定能把事情做得好。我国职业教育水平与西方发达国家相比还存在一定差距，其深层次原因仍然表现为制度体系不完善，诸如责任主体不明确、管理制度有缺失、工作机制有瑕疵等在实施的各个环节中普遍存在。

制度建设无疑是开展现代学徒制的重要保障。首先，应明确实施的主体，建立实施主体的职责清单，理顺职责、权利和义务，尤其应明确校企之间的激励与违约情况；完善具体管理工作机制，理顺工作程序与流程，明晰“是谁管、是谁做、怎么做”的问题；建立详细的标准体系，落实认证标准、教学标准与质量标准等。其次，应抓紧试点工作，边开展边完善，边试点边总结，试点工作与制度完善同步进行，发现问题就解决问题，发现错误就提出措施，从顶层设计—试点实施—总结反馈再到顶层设计的循环体系中不断完善体制机制。只有不断完善制度体系才能真正保障现代学徒制后续工作的顺利进行。

第六章　现代学徒制在职业本科教学过程中的逻辑体系与理论设计

研究现代学徒制教学过程的理论逻辑旨在理顺教学过程中的运行要素和开展思路，探讨其中的本质内涵与内在逻辑，探讨现代学徒制教学过程设计的特征、要素、原则、方法、条件及评价等一系列问题，阐明当中的核心问题和关键要素，厘清教学过程涉及的逻辑关系，为明确其实施细节和环节提供理论基础和依据。

一、现代学徒制教学的本质特征

现代学徒制的培养目标决定了其教学组织必须是高度的真实情境教学过程，须构建教学场所与工作场所的统一情境，将工作任务中的技术技能通过合理设计转化为学习内容，与专业教学标准不匹配的工作任务是无须转换为学习内容的，以工学交替方式实现理论与实践、知识与技能的贯通学习，将相关的理论与技能相联系，合理组织成若干个结构化单元（模块），以模块化方式组织教学，实现理实一体的联通学习。因此，现代学徒制教学应具备以下四个特征。

（一）以技术技能为本位的学习目标

所有的学习内容都是围绕技术技能这个学习目标，按照专业教学标准的技术技能要求实施教学过程。把技术技能知识点分解到适合的岗位上，设计成“学习型岗位”，岗位的要求也就是技能的要求，体现岗位与技能一体；把技术技能知识点与理论知识对应，要求理论知识具有实用性、迁延性和拓展性，理论的考核也就是技能的考核，体现理论与技能的匹配。

（二）以工作任务为导向的学习内容

所有的学习内容都应以工作任务为导向，按照专业教学标准要求把知识附着于工作过程。现代学徒制教学过程旨在把知识体系与工作任务相联系，工作体系是一个完整的真实实践体系，这种体系以完成具体的工作任务为目标，知识体系被分解在工作任务中，按照工作任务当中存在的知识形态组织教学过程，理论知识和实践技能最终以一个完整的工作过程来获得。

（三）以工学交替为主导的学习方式

现代学徒制的核心是边学边用，边学习边生产，强调学用融合、产学融合、工学交替，时间和空间上由单一学校学习或工厂学徒，转变为时间和空间上采用“工学交替”学习模式，时间上工作与学习融合进行，空间上在学校与企业间交替进行；教师和师傅是理论与技能学习的组织者和指导者，学生（学徒）在教师和师傅指导下完成系列具体工作任务而获得知识和技能。

（四）以“模块化”为抓手的教学组织

现代学校教育模块化教学方法是区别现代学徒制与传统学徒制的重要特征。现代学徒制在专业教学标准和课程框架体系下组织教学过程，技能学习内容具有极强的指向性和目标性，结构化组织方式和模块化教学方法有利于形成理论与实践的连贯性和知识与技能的匹配性，模块化教学方法有利于联通理论知识与专业技能，让学生（学徒）在较短时间内集中学习并快速掌握关键技能。

二、现代学徒制教学过程的要素及要求

现代学徒制教学过程实际是双元主体育人的过程，“双元主体”内涵比较丰富，包括组织机构的双元（学校和企业）、教学场所的双元（校内和工厂）、教学主体的双元（教师和师傅）、教学方式的双元（课堂与岗位）、考核方式的双元（理论与技能考核）、质量评价的双元（过程与效果）等。教学过程的“双元”特点决定了其实施的复杂性，对现代学徒制提出了巨大挑战。教学过程的运行要素及要求应包括学分制与学分互认、弹性学制与累计学时、灵活多变的组班制等。

（一）学分制度与学分互认

学分制是依据专业教学标准和课程框架体系，按照一定的规则规定各类课程（必修课、限选课、选修课、综合素质课）的比例，确定不同课程的学分以及毕业最低总学分的教学管理制度。它是沟通理论与实训两个课堂、校内与工厂两种教学方式的重要工具，提供了一种融通互认理论课程与实训课程的解决方法。学分制关键在于解决不同课程标准、不同教学方法、不同学习场所而导致的课程编排、学分互认、学时积累及如何转换的难题。探索提供网络教学、网络自学、自学考试、技能鉴定等理论与实践的多元化互认学分的标准，以核心知识与关键技能的掌握为依据和考核点，解决类似课程的学分互认问题。

（二）弹性学制与累计学时

弹性学制是以学分制为基础而实行的，学生（学徒）在一定的时间内完成规定的学分数即可毕业。弹性学制的最大特点在于学习期限可长可短（可以提前或推后毕业），学习课程与实践科目可以在任何学期内完成，学习方式可以采用半工半读、工学交替、分阶段

累积学习等多样化形式。弹性学制采取灵活的学习时限和可变的学习时段，兼顾理论学习与岗位实训的时间交错，有利于理论与技能的掌握，有利于学生（学徒）自己掌控在校理论学习时间和跨校企技能学习时段的有效分配。即使是对同一门理论课程或实践科目，学生（学徒）也可以采取分阶段累积学时的形式完成，做好学习跟踪记录与报备制度，建立电子跟踪学习卡，以卡片上的累计学时计算额定学时量，完善课程学习的累计学时制度。

（三）灵活多变的组班制

现代学徒制人才培养最显著特点是学校招生与企业招工的一体化，对招生与招工不再严格区分，可以从企业招徒入岗，再进入学校学习，也可以从学校招生入校，再进入企业实训，可以实现招生即招工、入校即入厂、上课即上岗同步进行。因此，学生（学徒）只要在校（企）期间，即可实施灵活多变的组班制，采用跨届学生组班开课、不同专业的类似课程集中开课，建立大类专业内部核心专业课、技能课的互选互认制度，制订以课程为单位实现不同届、不同专业学生（学徒）的集中选修课程制度。灵活组班制为现代学徒制实行完全学分制与学分互认、弹性学制与累计学时制度奠定可靠基础和提供组织保障。

三、现代学徒制课程开发的原则及要求

课程内容设置与课程核心技能安排是现代学徒制实施的关键，这些方面都应在课程开发中详细体现，具体来说课程开发的基本原则及要求应包括以下几方面。

（一）课程内容与“双标准”对接

课程内容、专业教学标准、职业标准的对接是有效培养人才的基础。坚持专业教学标准要达到什么、职业标准要培养什么，课程内容就体现什么的基本原则。构建课程内容与“双标准”高度匹配的课程体系，落实培养过程与培养目标的有效对接。校企成立教学指导委员会或课程教研室，教师与师傅结对子，联合开发教材解决课程内容与“双标准”不吻合实际问题，坚持实用、管用、够用的基本准则，共同设计涵盖理论知识、岗位素养、技能要求、“双标准”融通的应用型教材，实现课程内容与“双标准”准确对接。

（二）学习岗位与生产岗位对接

企方生产任务不确定与校方教学过程连续性之间的矛盾是教学组织和管理面临的普遍问题。教学空间延伸和教学主体双元成为工学零距离衔接的巨大阻碍。如何将生产岗位实现“双标准”承载的教育目标，其关键是要将生产任务经过教学设计转换成学习任务。对企业生产岗位进行改造、优化、整合，对照专业教学标准和职业标准，嵌入核心知识与关键技能，统筹兼顾课程要素和生产要素，将其改造成为“学习型岗位”，实行教师与师傅双元负责的“柔性化”教学，设计灵活多变小模块教学方法，使学习岗位与生产岗位对接，解决学习岗位与生产岗位错位的问题。

（三）教学过程与生产过程对接

教学过程设计一般包括课程安排设计、课程教学设计和自主学习设计等三个环节，它们是互相联系、密不可分的。教学过程与生产过程对接设计是指对课程安排设计、课程教学设计和自主课程学习设计等三部分依次对应到生产过程当中（图 6–1）。从图 6–1 可知，课程安排设计与生产安排设计对应，课程教学设计与生产教学设计对应，自主课程学习设计与自主生产学习设计对应，依次研究三个对应设计的子项，挖掘课程、生产、岗位、技能等要素的内在逻辑，并系统整合成学习型岗位和工作任务，学习型岗位和工作任务承载着“双标准”的育人目标，实现教学过程与生产过程对接。

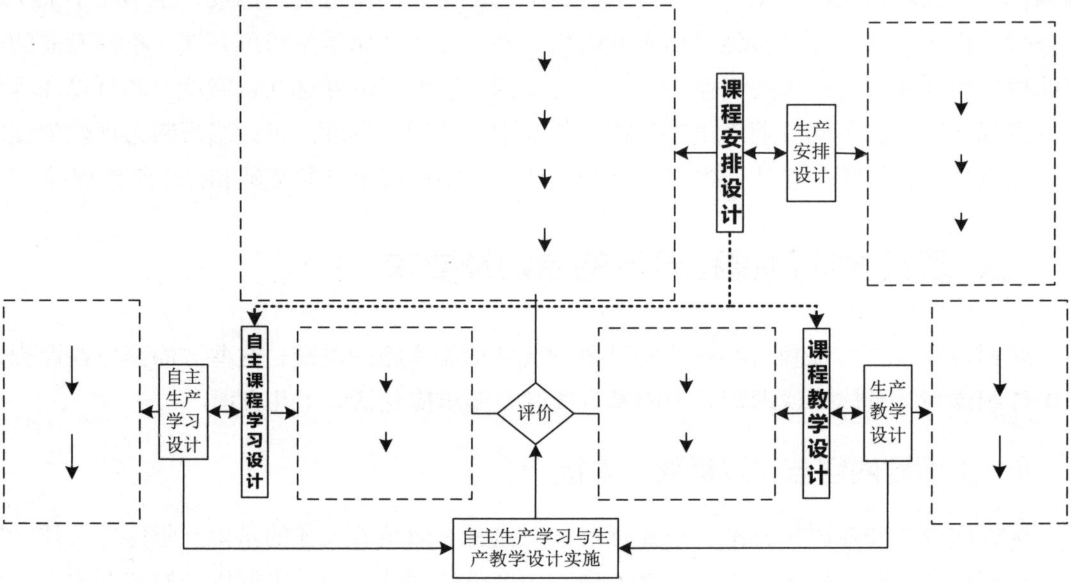

图 6–1　教学过程与生产过程对接设计图

四、现代学徒制课程开发的方法及要求

现代学徒制的课程开发与生产过程密切相关，课程体系与工作体系对应匹配，课程内容与工作任务相互贯通。因此，课程开发过程应建立于对工作任务系统分析基础之上，课程开发方法应包括岗位素养分析、生产技能归纳、课程内容筛选、教学方案设计等4个环节。

（一）岗位素养分析，明晰人才培养目标

岗位素养分析是现代学徒制实施的首要环节，一般由行业协会、企业专家、高校教师对市场需求进行多维度、多层次调研，获得职业岗位（群）素养需要的详细信息，包括知识、技能、理解能力、判断能力、经验、潜力以及职业道德与态度等。这些信息一般会被概括、总结并分解到人才培养方案中。岗位素养分析是培养技能人才素养的重要导向，也是培养具备岗位基本素质人才的基本指向，是对技能人才培养目标的基础分析。因此，岗

位素养分析是人才培养的指南，掌握了岗位素养的需求也就明确了人才培养的目标。

（二）生产技能归纳，掌握岗位核心需求

生产技能归纳是课程结构整合、课程内容开发的关键，一般由企业专家和高校教师共同调研、开发。在掌握岗位素养基础上，以岗位工作任务分析为基础，归纳岗位中大量出现并有代表性的工作技能、技巧、绝活等，确定典型工作任务要求。对这些典型工作任务隐含的大量的理论知识、专业技能、职业能力、经验态度进行教学化处理，将其设计成具体、单项的理论课程、实习任务和实训项目等，形成合理的人才培养方案表，对核心课程、关键技能进行描述，掌握岗位核心需求。数项技能组成单个学习型岗位，若干学习型岗位组成学习型工作任务，应明确学习型岗位承载技能学习的核心地位。

（三）课程内容筛选，对应专业教学标准

课程内容筛选是基于岗位工作任务的课程二次开发过程，即课程内容的选择与序化。一般由企业专家、高校教师、教育专家共同设计开发。按照科学性原则将课程内容置于学科体系和行动体系之中；要求课程内容符合学习主体培养的过程与规律，有利于将理论知识与实践技能转化为个人能力；按照情境性原则将课程内容进行筛选和有序编排，将理论知识与实践技能相互匹配嵌入，应符合学习主体能力内化的情境过程，使学习认知规律、技能形成规律与工作任务过程具有一致性。发挥职业能力鉴定、专业教学标准、课程框架体系的人才培养指示作用，培养什么内容、达到什么标准都应有据可依。对课程内容选择与序化最终形成专业标准和课程标准。

（四）教学方案设计，确定教学实施方法

教学方案设计是课程内容详细安排的任务化过程，是课程内容有效落实、合理编排的具体化过程。教学方案设计的主要任务是合理安排课程、明确教学条件，包括科学安排课程次序，合理定制课时规格，准确把握课程目标，有效开展质量评价等，具体涉及师资、教材、设备、平台、场所等详细内容，这些内容最终表现在人才培养方案或人才培训计划中，体现在教学落实环节和教学实施方法中。教学方案设计是课程内容、教学方法的具体化和显现化，是实施教学过程的完整性、有序性、范例性和可操作性的重要保障。

五、现代学徒制教学开发的条件及要求

产教融合、双元团队、教学组织与课程开发是现代学徒制教学开发的实施条件。校企双方应在学徒岗位、教学过程、师资队伍、育人管理和技能考评等方面大力进行改革与创新，形成有利于开展现代学徒制实施教学的平台。

（一）构建产教融合的岗位教学课堂

结合生产实际，根据教学需要，构建既满足生产需要又具备教学功能的产教融合的学

习型岗位。根据生产工艺、生产技术、生产装备和生产岗位的情况，对照专业教学标准和课程框架体系，设立生产功能与育人功能相匹配的学习型岗位，为其配备必需的设备、教学资料、工艺资料、讨论场所等。以岗位为中心，以生产促教学，建造产教融合的训练场。把设立的单个训练岗位按照技能学习规律，串联或并联，实现若干个训练岗位能够完成一个特定的工作任务。系列训练岗位最终对应由简单到复杂的系列工作任务，保障学生（学徒）获得知识、增长技能。

（二）组建默契配合的双元育人团队

精心设计双元育人主体教学过程，做好双导师教学团队的遴选工作，做好教师和师傅在结对教学、课程分担、教材共建等方面的精细分工，共同围绕工作任务实施教学，保障工学结合中各自发挥有效作用。通过结对子让教师和师傅互相帮扶、取长补短，在课程建设、课程实施等方面实现协作和互补，建立双导师协同培训模式，达到教学团队的集聚效应，使团队效能最大化。双元育人协作和互补实施交互教学过程如图 6–2。

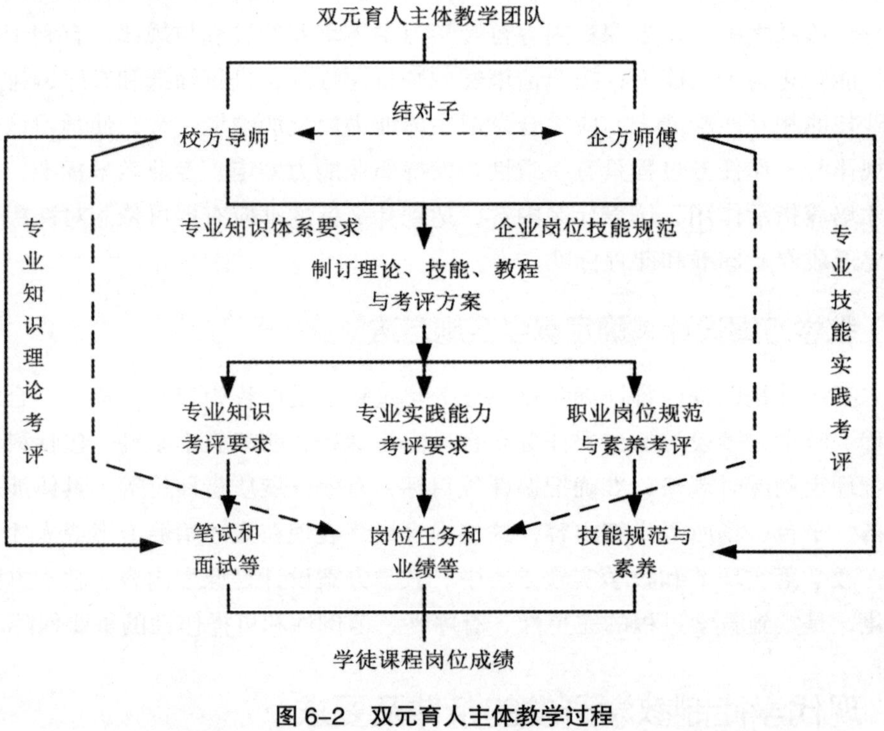

图 6–2　双元育人主体教学过程

（三）制订科学教学管理与组织程序

健全学分制与学分互认、弹性学制与累计学时、灵活多变的组班制等教学管理制度，满足工学交替的教学方式。由于教学空间延伸，教学主体双元，教学过程设计应精心考量工学衔接。必要的是依据课程培养目标中学生发展共性和个性需求选择教学组织与管理方式，树立企方培养为主体理念，建立学习跟踪卡、学分认定卡、学时累计卡和编班组织卡等系列电子扫描卡片，实行双元共同负责的“柔性化”的教学管理和组织程序。建立包括接受工作任务、理解工作任务、完成工作任务等环节的教学组织程序，保障在生产活动中习得职业技能和职业素养。做好生产任务不确定性和教学过程连续性之间矛盾的备用方案，双元共同实施课程管理、共同评价等。

（四）“双模块”课程开发机制及组织

所谓“双模块”课程是指针对联系比较紧密的理论与实践分别开发适合学校教学的理论模块与适合企业教学的实践模块，理论模块与实践模块的知识与技能在层次、进度、深度上应有机融合，应相互联系与紧密印证。依托校企联合教研室和双元育人团队，形成“双模块”课程开发机制，共同开发理论模块与实践模块的课程与教材，既区分两个模块内容的重点和不同点，又联系两者的着重点和关键点，达到理论与实践的贯通与衔接。学校开设的理论模块设计应体现有利于集中化、系统化的教学方式，企业开设的实践模块设计应适合灵活性、多样性的教学方法，适合观摩教学、体验教学、真实生产、合作学习等多种方式。

六、现代学徒制教学过程的评价及要求

现代学徒制的质量评价应包括教案评价、过程评价和效果评价等，评价主体应包括职业鉴定评价、课程专家评价、师傅教师评价、学生评价等，评价体系包括评价标准和评价方式。

（一）评价标准及依据

1. 质量评价体系的基本准则及依据

建立评价体系旨在围绕学徒的技能创新展开，以岗位需求的技能人才为评价对象，实施评价学徒在职业素养、生产技能等方面是否适应岗位需求。现代学徒制是培养面向生产一线，具有良好职业道德和创新精神工匠人才的育人模式，既强调职业道德的首要地位，也强调技能创新的重要地位，他们是工匠人才内在价值的重要核心。因此，现代学徒制质量评价体系应以培养具有良好职业道德和技能创新的人才为准则，密切围绕职业道德和技能创新两个方面开展评价，把它们作为职业能力考评的重要依据，最大限度地提高职业能力以符合岗位的具体需求，为学徒的技能水平——岗位需求之间的匹配创造条件。

2. 学徒技能创新的评价标准及依据

学徒技能创新主要涵盖两个方面，一个是岗位本身所需的实际职业技能，另一个是学徒自身发展所需适应类似岗位可迁延的拓展能力。因此，教学考评应充分体现职业岗位对技能人才需求和学徒发展需求的平衡，寻求两者之间的契合点。考核总体原则是：采用“技能创新”评价理念，变末端考核为过程考核，变封闭考核为开放考核，变单一考核为“知识＋技能”考核。因此，制订考评标准与依据应注重两块：一是过程考核，按照教学过程

设计，结合工学教学目标，设立适合考核的学习型岗位，以单个较小的学习型岗位容纳的核心技能为考核要素，实行过关考核，做好反馈与沟通。二是学徒发展的考评，应突出人文素质、沟通能力、职业素养、文化自觉等方面。另外在技能创新考评中应把握以下两方面：一是选择合适的考核指标，如考核实践能力与生产熟练程度，可选用合格产品生产量（或生产效率）为表征，二是考核学生理实的结合能力，可选用对生产过程中现象判断、解决问题实际能力（或生产效果）为依据进行评价。

（二）若干评价重点问题

1. 评价主体应多元化，以师傅为主体

现代学徒制的重要特征主要体现在它是一种师徒传授知识与技能的育人模式，因此评价主体首先应是师傅和徒弟，其次，职业鉴定评价、校内教师评价、学生互相评价、家长评价、第三方评价也都可以参与进来。不同评价主体以不同侧重对教学效果给出不同评价，互相印证，综合性的评价结果比较公正客观。另外，教育主管部门、学校或企业可把职业能力鉴定、专业教学标准、课程框架体系的培养目标转化为具体、详细的课程（技能）评价大纲，课程（技能）评价大纲应统领整个教学评价活动，它是评价主体把握评价内容和尺度的重要依据。

2. 评价过程侧重岗位技能评价

现代学徒制是以师徒关系为基础的育人制度，它的重要特点是师徒关系围绕岗位而建立，脱离岗位将无法建立师徒关系。岗位是师徒关系建立的基础，是师徒传授技能的平台和载体，学徒制教学过程实际意义在于真实岗位技能的传授过程，因此，岗位技能评价应是教学过程评价的基本单元，也是最重要的评价指标。对岗位上承载的技能评价是构成教学过程评价的基础组成部分，是技能水平分解考核的重要单元，是学徒最终技能水平高低的主要依据。

3. 评价结果的快速反馈和激励

加强学习过程与细节考核，实现边学习边考核，学习一段考核一段，贯彻技能的层级考核制度，达到逐级考核，逐级过关，建立顺畅的反馈制度和激励方法，建立跟踪学习电子卡制度，这些电子卡全部连接后台管理系统，对学习进度、掌握程度、过关级别等都有详细的跟踪记录，可以统计、分析，根据实际情况落实激励措施，建立包括师傅、教师、学徒等多主体的快速通道反馈制度，针对教学中存在的问题，以便及时纠正、改革和创新。这些反馈制度和激励方法贯穿课程学习、专业实践、岗位实训及综合训练等的全过程。

（三）现代学徒制教学评价方法

1. 职业标准与学徒标准并行的评价机制

职业标准是国家职业资格认证或职业资格鉴定的标准，达到职业标准即可获得国家资格证书或职业能力鉴定证书。现阶段，在我国现代学徒制体系尚未完全建立的情况下，职业标准考评还无法做到全覆盖。对于一些目前还没有设置职业标准的职业或岗位可采用学

徒标准进行鉴定，鉴定颁发单位可以是企业、学校或行业协会。学徒标准考核具体内容包括三部分，一是职业素养方面，主要考核学徒学习表现、纪律遵守、为人处世等；二是理论素养方面，主要考核学徒对岗位基础理论和知识的掌握能力、领悟程度和应用能力等；三是实操方面，主要考核学徒对岗位技能的掌握能力、熟练程度和变通能力等。

2. 课程教案评价

课程教案评价是从培养学徒职业能力的有效性方面进行评价，观测点包括课程设置的必要性和培养目标、学时分配、课程体系、课程标准、课程结构、课程资源、教学方式方法等等。课程教案是实施现代学徒制的教学基础，是课程教学设计的整体安排，教案水平的高低直接关系到学徒的培养效果和水平。课程教案水平的提升可采取教案观摩竞赛、教法演示竞赛、教学交流研讨等方法进行逐步提高。对课程教案评价应制订量化评价指标，可采用表格评价和现场检查评价等方式进行。

3. 教学过程评价

教学过程评价是评价师傅或教师本身教学能力和对整个育人过程的掌控能力。评价内容设计必须紧扣一切影响教学过程的因素，如教学过程的客观环境、教学主体的能动性、教学组织的有效性以及教学过程的吸引力等。评价标准至少可设置三个指标，包括重视学徒的知识和技能、教学过程方法和效果、对学徒的情感态度和价值观等。评价方式可采用量化评价和调查评价相结合的评价方式，量化评价可包括过程质量评价表、过程学习表、专家督评表、课堂记录表、学徒评分表等，调查评价可包括调查问卷评价、学生匿名投票评价、教师对比打分评价等。

4. 课程效果评价

课程效果评价应从学徒学业成绩和技能水平两方面进行考量，学业成绩是直接反映学徒学习效果的定量指标，技能水平是反映学徒技术掌握能力的实际应用能力指标。评价方式可采用过程评价为主、结果评价为辅，教师评价和师傅评价相结合的评价模式。把学徒获得职业资格证书或通过行业协会鉴定的获得率作为最重要的考核依据。上述教学过程评价中提及的过程质量评价表、专家督评表、学徒评分表、调查问卷评价、学生匿名投票评价、教师对比打分评价等都可以应用到课程效果评价当中。另外学业成绩评价表、职业能力评价表、毕业生就业调查等也是课程效果评价的重要依据。

七、小结

我国学徒制发展相比德国、澳大利亚、日本等国家还有一定差距，其主要是职教体系的基础建设还比较薄弱，人才培养模式相对落后、行业企业参与度不足、专业体系和培养过程的标准没有建立等。现代学徒制教学过程依然存在诸如责任主体有推诿、管理制度有缺失、工作机制有瑕疵、标准建设有缺位等现象，对现代学徒制教学过程进行设计，有利于明确运行规则和实施操作，有利于避免实施过程出现不可预见的现实问题，有利于有条不紊地推进教学过程各项环节的落实。通过探讨现代学徒制教学的特征，理清了其教学过程的本征构造与具体内涵；探讨教学过程的运行要素，阐明了其教学过程应具备的必要条件和实施环境；探讨课程开发的基本原则，明确了教学过程的基本原理与设置依据；探讨课程开发的基本方法，论述了教学过程课程开发的步骤与细节；探讨教学开发的基本条件，明晰了教学过程中课堂、团队、组织和机制的整体安排；探讨教学过程质量评价，提出了教学过程的评价准则、依据、方法和重点问题等。研究内容对理解现代学徒制教学过程的理论逻辑和整体实施过程更加清晰明了，为推动现代学徒制教学发展提供了理论研究基础。

第七章　现代学徒制在职业本科生产实训课程的实证研究

江西理工大学应用科学学院是依托校本部开办的独立学院，办学近二十余年来始终坚持应用型人才培养目标，近几年提出应用技术大学建设，大力在实践教学、实习实训、校企合作、工学结合、顶岗实训等各育人的实操环节下足功夫，加大投入，引进一批企业师傅，建设双师双能型师资队伍。矿物加工（选矿）专业是江西理工大学特色重点专业，是教育部、江西省卓越工程师培养计划专业，江西省品牌专业，2012 年和 2015 年通过全国工程教育专业认证。它面向矿物加工、矿产资源综合利用、矿物材料、选矿设备设计与制造等领域，为我国大中型矿物加工骨干企业输送高级工程人才和后备管理人才。在该学院工科本科专业中引入“现代学徒制”育人模式，尤其在生产实训课程中借鉴校企深度合作的企业本位育人模式具有重要意义和实质启发。

当前独立学院工科专业大部分生产实训基地不健全、实训模式不完善，仍从校方本位角度构建课程体系，未形成清晰的实训环节设计过程。现实中，校企合作实训政策引导和保障体制缺失，实训过程动手操作机会少，实训课程设计粗糙，理实设计不匹配，校企角色担当不明确等都是棘手的实际问题。

以该学院矿物加工专业为例，当前生产实训中存在的凸出问题主要有：

（1）生产实训的岗位配置不合理。实训过程以生产性岗位为主，岗位的核心关键技术不凸出，没有意识设置必要的实训内容，学习内容单调乏味，重复性劳动多；实习实训的全过程多数以企业师傅带领学生观看流水线，岗位实践机会少，实操动手环节少。

（2）企业主体地位不突出。主要表现为企业师傅参与度低，参与面小，技能传授过程讲解不清晰，系统性不强，理论与实践联系的水平不高，企业没有配置水平较高的师傅参与整个实训过程；部分企业实训过程以学校教师而非企业师傅带领学生参观为主，对岗位中核心技能的传授把握不准，受限于教师的实践水平。

（3）校企双方的教学内容匹配度不高且零散。校企双方的教学过程合作匹配度不高、教学计划没有系统安排、教学内容没有合理衔接，导致实训过程仅是单间粗糙的参观或模仿过程，实训的基础理论与实践内容都没有合理对接。

鉴于上述问题，针对生产实训课程的特点，借鉴“现代学徒制”育人模式，对于理解真正含义上本科层次的校企合作实训教学过程具有重要意义。因此，针对生产实训课程的特点借鉴“现代学徒制”育人模式，对于理解真正含义上本科层次的校企合作实训教学过程具有重要意义。本章以江西理工大学应用科学学院矿物加工（选矿）专业的生产实训课程改革为实证分析，积极探索实训内容与教学内容对接、学习岗位与生产岗位对接、教学过程与生产过程对接的改革原则，通过岗位素养分析、学习内容筛选、生产技能归纳、教学方案设计等4个环节开发现代学徒制模式下的学习型岗位，实现校方教师与企业师傅双元主体育人模式，理顺了教学过程涉及的主体逻辑关系，取得了较为显著的效果。

一、基于“现代学徒制”模式下生产实训课程的基本特征

现代学徒制育人模式要求构建教学场所与工作场所的统一情境，将工作任务中的技术技能通过合理设计转化为与专业教学内容匹配的学习内容，以工学交替方式实现理论与实践、知识与技能的贯通学习。因此，现代学徒制模式下生产实训课程应具备如下特征。

（1）以技术技能为本位的学习目标。学习内容应围绕符合专业教学内容的技术技能展开，把技术技能学习要点整理打包分配到适合的岗位上，设计成若干个“学习型岗位”，促使学生以岗位为依托学习技术技能，实现学习内容与岗位素养相统一，技术技能与岗位要求相统一。

（2）以工作任务为导向的学习内容。学习内容应以工作任务为导向，把专业教学内容知识点逐个分解到工作任务中，将专业知识体系与工作任务紧密关联，按照工作任务中存在的知识形态组织教学，理论知识和实践技能最终都以完成整个工作任务来获得。

（3）以工学交替为主导的学习方式。现代学徒制核心是学用融合、产学融合，时间和空间上都强调“工学交替”学习方式，时间上工作与学习融合进行，空间上在学校与企业间交替进行；学生在师傅和教师交替指导下完成系列工作与学习任务。

（4）双元育人主体与学生两重身份。现代学徒制是对传统学徒制和校方教育制度的重新审视，主要特征表现为：一是培养的主体有两个，熟称双元育人主体（即学校和企业，或教师和师傅），其中企业师傅占主导地位，双主体的沟通和协作必然是影响教学过程的关键因素。二是学生的身份有两个，即学生和员工，两种身份的存在必然承担着相应的责任与义务。

二、基于“现代学徒制”模式下生产实训课程的改革原则

对生产实训课程内容进行科学设置是让学生学习专业核心技能的重要安排，为了让学生在有限的实训时间内掌握岗位的关键技术技能，有必要对传统生产实训课程进行改革，具体包括以下方面。

（1）实训内容与教学内容对接。构建实训内容与专业教学内容高度匹配的实训体系，落实实训过程与培养目标的有效对接。校企可成立教学指导委员会或课程教研室，教师与师傅结对子，联合开发“学习型岗位”，把专业教学内容应掌握的核心技术融合到岗位当中，坚持实用、管用、够用的基本准则，共同开发涵盖专业知识、岗位素养、技能要求相互融通的“实训手册”，实现实训内容与专业教学内容的准确对接。

（2）学习岗位与生产岗位对接。如何实现生产岗位承载专业教学内容的育人目标，其关键是要将生产任务经过教学设计转换成学习任务。对照专业教学内容要求和岗位职

业标准，对生产岗位所需的技能要求归纳、整合和改造，嵌入核心知识与关键技能，统筹兼顾课程要素和生产要素，根据生产岗位所需技术技能的量（负荷）平衡分割切块，可对应生产作业的次序，将其改造成为“学习型岗位”，最终实现学习岗位与生产岗位对接，解决学习岗位与生产岗位错位的问题。

（3）教学过程与生产过程对接。教学过程设计一般包括实训安排设计、实训教学设计和自主学习设计三个环节，它们之间互相联系、密不可分。教学过程与生产过程对接设计是指将实训安排设计、实训教学设计和自主学习设计三部分依次对应到生产过程当中（图 7–1）。从图 7–1 可知，实训安排设计与生产安排设计对应，实训教学设计与生产教学设计对应，自主学习设计与自主生产学习设计对应，依次研究三个对应设计的子项，挖掘将实训、生产、岗位、技能等要素的内在逻辑，系统整合成学习型岗位和工作任务，实现实训的教学过程与生产过程对接。

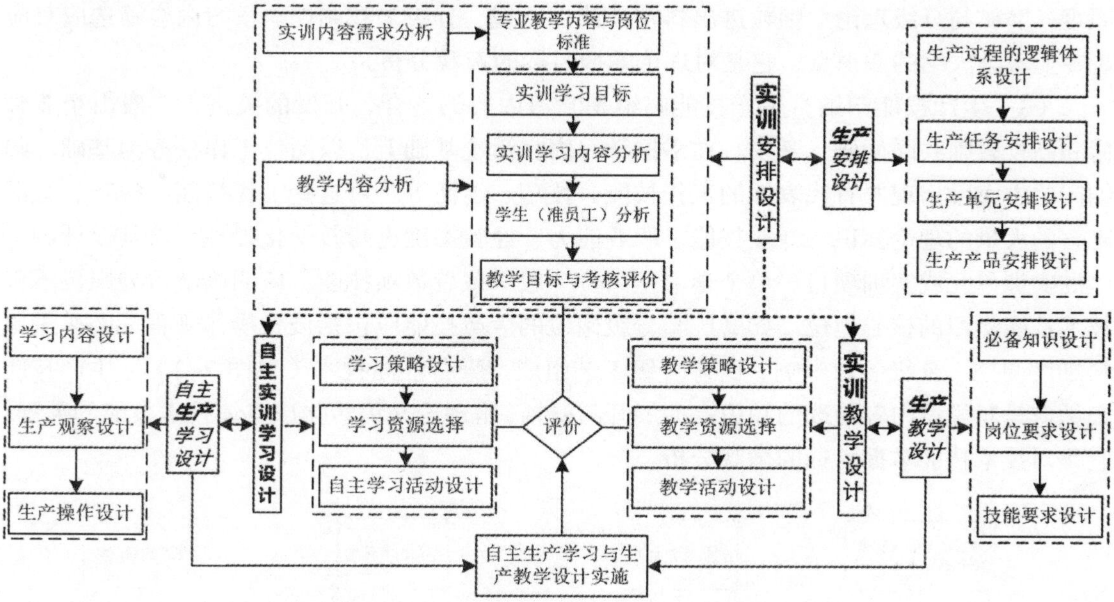

图 7–1　实训教学过程与生产过程对接设计图

三、基于“现代学徒制”模式的实训课开发环节——学习型岗位开发

现代学徒制学习型岗位开发与生产过程密切相关，实训体系与工作体系对应匹配，实训内容与工作任务相互贯通。因此，实训过程应建立在工作任务分析之上，学习型岗位开发主要包括岗位素养分析、学习内容筛选、生产技能归纳、教学方案设计等 4 个环节。

（1）岗位素养分析。根据生产作业情况设计学习型岗位，如选矿厂可设计成破碎岗位、磨矿与分级岗位、浮选岗位、脱水与产精矿岗位、尾矿输送与尾矿库岗位。岗位素养分析是确定实训岗位的首要环节，一般由行业协会、高校教师、企业师傅对市场需求进行多维度、多层次调研，获得职业岗位素养需要的详细信息，包括知识、技能、理解能力、判断能力、经验、潜力以及职业道德与态度等。这些信息一般会被概括、总结并分解到“实训手册”培养方案中。如对磨矿与分级岗位进行分析，其岗位素养应包括岗位职责（规程）、磨矿与分级工艺、出料细度调控、磨矿与分级设备工作原理与维护（修）、安全防护、噪声防护（见图 7–2）。岗位素养分析是培养具备岗位素质人才的基本指向，是对技能掌握目标的基础分析。

（2）学习内容筛选。学习内容筛选是基于岗位工作任务的二次开发过程，即实训内容的选择、序化以及与专业教学内容的对应。一般由企业师傅、高校教师、教育专家共同设计开发。按照科学性原则将实训内容置于学科体系和行动体系之中，按照情境性原则将实训内容进行筛选和有序编排，将理论知识与实践技能相互匹配嵌入，应符合学习主体能力内化的情境过程，使学习认知规律、技能形成规律与工作任务过程具有一致性。发挥专业教学大纲的人才培养指示作用，培养什么内容、达到什么标准都应有据可依。同时注意各岗位学习内容的负荷比例，岗位间应平衡。如磨矿与分级岗位学习内容应包括设备工作原理、磨矿与分级理论、颗粒进出料粒度调控原理、分级参数调控。学习内容筛选应对应着专业教学大纲的知识点，它是对理论掌握目标的宏观分析。

（3）生产技能归纳。生产技能归纳是学习内容的整合、开发的关键，一般由企业师傅和高校教师共同调研、开发。在掌握学习内容筛选基础上，以岗位工作任务为基础，归纳岗位中大量出现并有代表性的工作技能、技巧、绝活等。对这些工作技能、技巧、绝活隐含的大量的理论知识、专业技能、职业能力、经验态度进行教学化处理，将其设计成具体的实训单元或实训项目。单个学习型岗位一般承载着数项技能，应明确学习型岗位承载技术技能学习的核心地位。如磨矿与分级岗位的生产技能应包括设备操作规程、磨矿进出料细度调控、分级参数影响、磨矿分级工艺组成、噪音隔离技术（见图 7–2）。生产技能归纳应是对学习内容筛选的知识点的展开与概括，是理论知识转化成具体技术技能的关键，它是对技术技能掌握目标的微观分析。

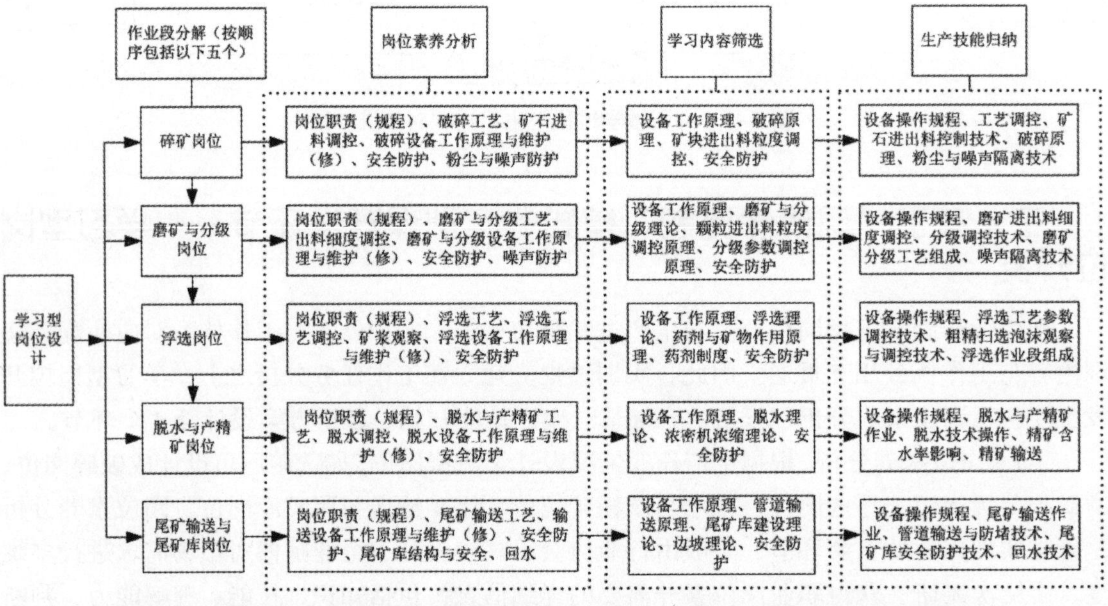

图 7–2　选矿厂学习型岗位的岗位素养分析、学习内容筛选、生产技能归纳结构图

（4）教学方案设计。教学方案设计是实训内容详细安排的任务化过程，是实训内容有效落实、合理编排的具体化过程。教学方案设计的主要任务（见图 7–3）包括安排校方导师和企业师傅结对子（形成双元主体育人教学团队）、上述三个环节分析所得的专业知识体系要求和企业岗位技能要求与规范、专业知识考评和技术技能考评、考评的方式和责任主体等，同时安排实训岗位的次序、单个岗位实训的学生数量、单个岗位课时规格，岗位考核的质量评价等，还应考虑涉及的设备、平台、场所等内容。教学方案设计的成果是最终得到学习型岗位的实训成绩。这些内容都表现在事先详细规划和设计好的"实训手册"中，体现在教学落实环节和教学实施方法中。教学方案设计是实训内容、教学方法的具体化和显现化，是实施教学过程的完整性、有序性、规范性和可操作性重要保障。

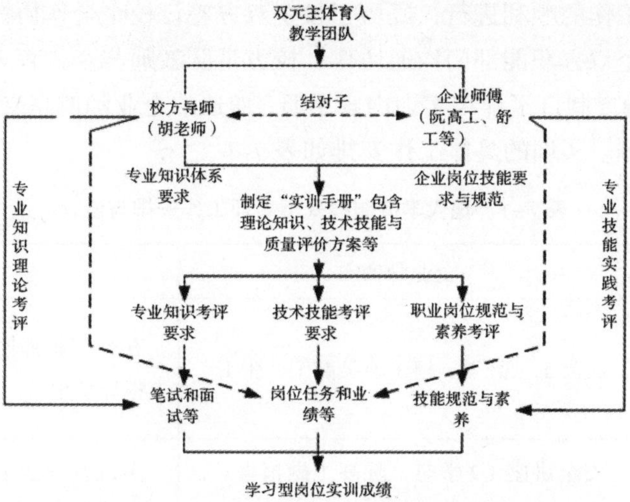

图 7–3 学习型岗位双元主体育人教学方案设计

四、现代学徒制模式在"生产实训（二）"中的应用与实践

实证研究作为一种研究范式，产生于培根的经验哲学和牛顿、伽利略的自然科学研究。实证研究分为狭义和广义的实证研究。狭义实证研究是指利用数量分析技术，分析和确定有关因素间相互作用和数量关系的研究方法，可以称为"数理实证研究"。广义实证研究以实践为研究起点，认为经验是科学的基础。广义实证研究泛指所有经验型研究方法，可以称为"案例实证研究"，如调查研究法、实地研究法、统计分析法等。广义实证研究重视研究的第一手资料，但并不刻意去研究普遍意义上的结论，在研究方法上是具体问题具体分析，在研究结论上，只作为经验的积累。

案例研究可以分为单个案研究和多个案研究。个案研究不仅有助于积累不同广泛而深入的个案资料，形成对于问题的实感，也可以为调查者获得第一手资料。本研究通过以"生产实训（二）"为具体个案，从中获得"现代学徒制"应用的实效，为其他企业课堂、实习实训、校企双元育人的课程提供参考。

生产实训是学生从认知到应用的实现过程，是学生掌握技术技能的重要环节，是实践教学体系的深化。生产实训可以让学生详细了解具体岗位的运作模式，进而有针对性地进行在校的学习。以矿物加工（选矿）专业的理论课《矿物浮选理论与实践》配套的实习课程“生产实训（二）”为例。原有教学法是：理论学时 60 学时（教师讲授），课程设计 2 周（教师陪同），在校方开展；实践教学 3 周（师傅指导），在企方开展。现代学徒制的教学法是：理论课和原有教学法一致。选矿 14 级学生于 2016 年 7 月在江西某大型铜矿山进行为期 1 个月的生产实习，实训安排为：理论教学（20 学时，校方教师讲授，晚上进行）；生产现场安排包括安全讲座（2 学时，师傅报告）、技术讲座（2 学时，师傅报告）、理论指导（10 学时，师傅与学生座谈）、岗位实训 20 天（师傅跟班指导）。

为了保障实训工作的顺利进行，经历了校企双方签订校企合作协议，企方挂牌成为校方的实习基地，校企双方职能部门沟通协作，校方带队教师与企方育人师傅互相坦诚沟通并开展了座谈会，两方制订了详细实训内容手册，遴选的企业师傅享受我校企业导师待遇，核算工作量计算薪酬。实训的具体工作安排如表 7–1。

表 7–1　现代学徒制模式下实训工作安排与设计

	校方教师	企业师傅	备注
人员安排	胡老师	阮高工、舒工、柯工、吴高工、张工	五个企业师傅分别固定在单一岗位上指导学生
负责内容	理论教学（20学时，晚上进行）	安全讲座（2 学时，阮高工做报告），技术讲座（2 学时，舒工做报告），理论指导（10 学时，各自师傅讲授，以座谈形式开展），岗位实训 20 天（师傅跟班指导）	实践教学学生只上中班，早班和晚班休息。学生根据岗位分成 5 组，每 1 组学生在单一岗位上待 4 天后轮换到下一岗位，依次循环，直到每 1 组学生待完 5 个岗位为止
学习型岗位设置（岗位设计如图 7-2）	在 5 个岗位上依次参与现场指导	阮高工负责破碎岗位、舒工负责磨矿与分级岗位、柯工负责浮选岗位、吴高工负责脱水与产精矿岗位、张工负责尾矿输送与尾矿库岗位	学习型岗位设置 5 个：破碎岗位、磨矿与分级岗位、浮选岗位、脱水与产精矿岗位、尾矿输送与尾矿库岗位
岗位考核	实习报告本 30%	岗位任务完成能力 30%+ 技术规范与素养 40%	以小组为单位考核，主要考核小组协作完成任务的能力。小组内部成员的成绩由企业师傅根据现场实际表现相互对比给出成绩

选矿 14 级与选矿 12 级生产实习对比，主要表现见表 7–2。

表 7–2　生产实训效果的对比评价

对比评价内容	选矿 14 级	选矿 12 级	备注
实习报告本	撰写规范，逻辑结构严谨，文字表述专业，图表绘制规范，公式计算准确，结果结论可靠	撰写较规范，部分逻辑结构混乱，文字表述口语化，图表绘制不规范，公式计算引用出错率高	选矿 12 级于 2013 年 7 月也在某大型铜矿山实习
岗位任务完成能力和技术规范与素养	对工艺流程现象能准确把握，对工艺出现的问题能准确判断，调控的方向无错误；对设备的操作较熟练，能较好掌握岗位必要的技能，岗位素养较好	对工艺流程现象能准确把握，对工艺出现的问题能准确判断，调控方向时有错误；实际操作机会少，对设备的操作不太熟练，岗位技能的掌握程度较差	—
理论教学	教师每个工作日一、三、五晚上讲课 2、2、1 学时，共计 20 学时；企业师傅理论指导（师傅与学生现场座谈），约 10 学时	教师和企业师傅都在现场进行理论指导（每日按 1 学时计算，约 20 学时）	—
实训现场	企业师傅主导、校方教师协助，校方教师与企业师傅沟通良好，企业师傅指导认真，指导过程细致，学习气氛浓烈，企业师傅与学生沟通与反馈及时，学生在师傅指导下动手操作机会多	校方教师主导、企业师傅协助，企业师傅偶尔指导，学习气氛松散，企业师傅与学生沟通反馈少，学生动手实践机会少，以观察为主	选矿 12 级没有按岗位分配，主要按流程跟班学习
学生表现	善于发现问题，及时向企业师傅请教指导，对设备工作原理、工艺现象解释、操作规程等方面，表现出浓厚兴趣，在企业师傅的指导下能较为熟练的判断工艺现象，及时准确把握工艺调控及精矿质量	学生发现问题主要请教校方教师，对专业知识学习表现懈怠，对工艺现象判断把握较为准确，对工艺流程观察兴趣不高，脱岗情况时有发生	—
师傅指导	企业师傅按照学习型岗位的设置要求，全程参与指导；学生依次轮岗，按照各岗位学习内容和技能要求跟班实践，由师傅及时把结果反馈给校方教师	师傅指导的次数和频率较低，对学生提出的问题回答较为简单，没有给出详细认真的答复，与校方教师沟通反馈较少	—

续表：

对比评价内容	选矿 14 级	选矿 12 级	备注
校企双方的协作	校企双方前期沟通较多；工作安排、学习型岗位设置、实训内容安排等由双方共同制订，尤其是学习型岗位设计由教师和师傅共同完成，制订岗位“实训手册”包含详细的岗位技能要求规范，有详细的工作计划表和学习日程表；企业师傅在实训过程中参与度高，能及时与教师协调各方面的工作	校企双方前期沟通较少；制订实训工作安排计划以校方教师为主，企业师傅为辅；实训内容以教师意见为主，岗位设置安排以师傅为主，主要以生产性岗位跟班指导为主，没有设计学习型岗位；实训过程师傅参与度低，有时由普工进行指导	—

通过借鉴现代学徒制构建的生产实训教学过程，基本实现了教师指导学生，师傅指导徒弟的双元主体育人过程。从表 7–2 中可知，选矿 14 级学生的实习效果比选矿 12 级有显著提高，主要得益于对生产实训的合理安排和设计，得益于企业师傅的辛苦指导和认真负责。经过 1 个月的学习，学生在真实工作岗位上，真切感受到岗位对员工的素质要求和技能要求，感受社会、企业对用人的认识，扩大了就业视野，增加了工作经验，丰富了实践经验，增强了专业认同感，提高了理论知识与现场实际的结合能力。学生对所学专业从事的具体岗位有了全新的认识，丰富了学生的阅历，提高了就业竞争能力和就业机会。

五、小结

生产实训课程中借鉴现代学徒制模式，合理设计和安排学习型岗位，显著地提高了学生的动手能力和实践能力。现代学徒制模式下的生产实训课程的安排关键在于建立学习型岗位，落实岗位责任制度，依托学习型岗位承载学习内容和技术技能，学习型岗位承载的这些内容应以“实训手册”的文本加以记载，“实训手册”既是实训大纲、实训要点，也是技术技能学习的关键点，既是实训的整体安排和岗位分配，也是实训阶段的教学计划和育人方案。另外，学习型岗位承载的技术技能受限于现有的条件、平台、设备、工艺、现场实际等，因此，校方教师和企业师傅的沟通配合至关重要，学生学习的内容都由这两者规定，只有充分的沟通配合，才有利于避免实施过程出现不可预见的现实问题，有利于有条不紊地推进教学过程各项环节的落实。

第八章　现代学徒制在职业本科生产实训课程的资源库建设案例

以矿物加工（选矿）专业“生产实训（二）”课程为例，建设必要的现代学徒制教学资源库，作为实训过程中的基本育人素材。本研究认为实训课程的资源库内容至少应包括如下六部分内容，本“生产实训（二）”课程是一个具体案例，对其他课程有启发作用。

一、工业现场生产实训技术内容

（一）矿料物性研究的内容

（1）矿石性质研究的内容及程序：化学组成分析、矿物组成分析、矿石结构分析、单体解离度与连生体特性分析、粒度组成分析、矿石的其他性质研究、矿石性质研究的程序。

（2）矿石比重及堆比重的测定、固体物料比重的测定、粉状物料比重的测定、堆比重（堆重度）的测定。

（3）摩擦角测定要点及步骤。

（4）堆积角测定要点及步骤。

（5）物料水分含量测定要点及步骤。

（6）矿物硬度的测定要点及步骤。

（7）矿浆黏度的测定要点及步骤。

（二）筛分与磨矿的内容与程序

（1）粒度组成分析的要点及步骤：筛分法、沉降法、显微镜法。

（2）筛分效率与分级效率的测定要点及步骤：筛分效率和分级效率的定义及推导、筛分效率与分级效率计算。

（3）磨矿实验的操作要点：磨矿步骤、可磨度实验、筛上（下）累计曲线制作要点与步骤。

（4）闭路磨矿实验、闭路磨矿曲线、闭路磨矿曲线的制作、实验室闭路平衡原则与把握。

（5）闭路磨矿动力学推导与分析。

（6）实际矿物连续闭路磨矿分析的要点及步骤：实验设备与条件、实验条件及流程、实验结果研究。

（三）磁电选矿的内容与程序

（1）矿物比磁化系数的测定：比较法测定矿物的比磁化系数、古依法测定矿物的比磁化系数。

（2）矿石中磁性矿物含量测定：磁选管法、磁力分选仪法。

（3）磁选机磁场强度的测定要点及步骤。

（4）高梯度磁选机分选要点及步骤。

（5）磁滚筒磁选要点及步骤。

（6）磁选柱分选要点及步骤。

（7）赤铁矿磁化焙烧磁选要点及步骤。

（8）锡精矿与石英电选分离要点及步骤。

（四）重力分选的内容与程序

（1）自由沉降要点及步骤：测定原理、实验部分。

（2）淘析法要点及步骤：淘析法原理、实验部分。

（3）连续水析要点及步骤：水析测定原理、实验部分。

（4）跳汰分选要点及步骤：跳汰简介与工作原理、实验部分。

（5）摇床分选要点及步骤：摇床简介与工作原理、实验部分。

（6）螺旋溜槽分选要点及步骤：螺旋溜槽简介、实验部分。

（五）泡沫浮选的内容与程序

（1）纯矿物浮选要点及步骤：实验原理、实验部分。

（2）起泡剂起泡性能要点及步骤：实验原理、实验部分。

（3）捕收剂浮选要点及步骤：实验原理、实验部分。

（4）铜矿石浮选分离要点及步骤：实验原理、实验部分。

（5）润湿接触角的测定要点及步骤：实验原理、实验部分。

（6）物料电动电位的测定要点及步骤：实验原理、实验部分。

（7）浮选闭路要点及步骤：实验原理、实验部分。

（六）工业现场实用操作技术与方法

（1）矿浆浓、细度的测量要点与步骤。

（2）日常药剂测量、泡沫控制、产品处理：药剂配置与测量、泡沫的控制、产品处理。

（3）矿样取样、缩分方法：采样一般要求、矿床采样方法、分选过程采样、试样加工。

（4）紫外分光光度法测量捕收剂浓度：波长的选择、MA-1 黄药不同浓度的吸光度、矿物表面吸附量测定、矿物表面吸附量测定。

（5）选矿产品的考察与分析。

（6）浮选工艺流程控制：浮选工艺过程调节、浮选操作技术、浮选流程结构。

（7）实验设计方法：单因素实验方法、多因素实验方法。

（七）矿石测试方法分析

（1）显微镜分析要点及步骤：反光显微镜、偏光显微镜分析。

（2）X 射线衍射分析要点及步骤：X 射线衍射、定量分析、X 射线衍射图形态。

（3）X 射线荧光光谱测试分析要点及步骤：定性分析、定量分析、X 射线荧光光谱法实例。

（4）X 射线光电子能谱检测要点及步骤：X 射线光电子能谱法的特点、定量分析、化学态分析、X 射线光电子能谱图形态。

（5）拉曼光谱测试分析要点及步骤：拉曼光谱的应用领域、拉曼光谱的图片形态。

（6）红外光谱测试分析要点及步骤：红外光谱基本原理、红外光谱分析、红外光谱的图片形态。

（7）扫描电镜测试要点及步骤：扫描电镜的样品制备、扫描电镜的图片形态。

（8）透射电镜测试要点及步骤：透射电镜的样品制备、透射电镜的图片形态。

（9）色谱－质谱联用要点及步骤：液相色谱－质谱联用、气相色谱－质谱联用。

（八）数据处理和实验设计

（1）数据误差分析要点及步骤：误差的概念、误差表示方法、过失误差的舍弃。

（2）实验数据处理要点及步骤：列表法、图示法、实验数据数学方程表示法、回归计算实例。

（3）正交实验设计方法要点及步骤：实验设计方法概述、正交实验设计方法的优点和特点、正交表介绍、正交实验结果分析方法、正交实验极差分析法举例、流程考察报告的编写、实验报告的编写。

二、工业现场实时可查询与拓展的内容

（一）常用选矿方法及设备

防爆离心通风机的组成和故障处理、浅析矿用浮选机性能、雷蒙磨粉机的原理性能和操作规程、浅谈振动筛在实际操作中的应用、详解振动筛工作原理及特点、锤式破碎机存在的问题以及改造措施、磨粉机在非金属矿工业中的应用、螺带式混合设备的应用范围、振动筛在选矿工艺中占有较重要的地位、振动筛主要用于筛选和分类矿石、气流干燥机的原理及应用范围、粉煤灰磨粉机分选工艺及技术解析、破碎机原理与专业术语、反击式破碎机发展历史及未来发展趋势。

（二）贵金属选矿技术

金的选矿工艺技术和方法、黄金从矿石到 999 纯金的提炼方法、狗头金是怎样形成的、

中国金矿浮选工艺概况、我国银矿石选矿和加工技术现状与改进、单一银矿的浮选及实例、黄金选矿浮选技术、金矿的选矿工艺的调查、硫脲提取金、银工艺、影响堆浸的主要因素、无毒氰化钠提金药剂药水浓度检测方法、无毒提金环保提金药剂产品使用方法、无毒氰化钠提金剂堆浸贵液中金的活性炭吸附和解吸、氰化钠提金术、无毒提金药剂堆浸液中回收金银的方法——饱和载金炭的解吸、用炭浆法从金尾矿中回收金银、无毒环保型选金药剂炭浆法提金法、金矿选矿之硫脲法提金法、与炭浆法相比，离子交换树脂法的优缺点、无毒氰化钠炭浆法。

（三）有色金属选矿技术

有色金属选矿工艺、浮选硫铁矿矿石的选矿技术、铅锌铜矿伴生银矿石的选矿工艺及设备、铜矿选矿工艺流程、氧化锌精矿浮选药剂的脱除方法研究、会理锌矿选矿厂清洁生产技术、钼矿石常规浮选、铅锌矿选矿技术、铅锌矿可选性分析、锂辉石的选矿方法——正浮选工艺、铜铅锌锡矿细粒浮选新技术。

（四）黑色金属选矿技术

赤铁矿、菱铁矿及褐铁矿浮选工艺、赤铁矿的选矿、尾矿中选硫铁矿的技术、锰矿物的可浮性、氧化锰矿石和碳酸锰矿石的选矿方法、超纯铁精矿的选矿工艺及其成分分析、钛铁矿选矿工艺简介、白钨矿浮选技术、黑钨矿的浮选工艺、钒钛磁铁矿石的选矿、磁铁矿石的选矿技术、赤铁矿的主要选矿工艺、铁矿的选矿与加工技术。

（五）煤矿选矿技术

选煤方法、煤矿选矿与加工技术、动力配煤技术的作用和意义、煤精选矿技术、煤炭成分的构成、粉煤灰选矿技术、高效选煤工艺介绍、高压磨粉机粉煤灰加工。

（六）其他选矿技术专题

石英矿选矿设备提纯技术、锂、铍矿选矿技术、萤石矿 4 大常见选矿工艺、萤石矿选矿技术、绿柱石选矿技术、氧化锰矿选矿技术流程选择、含锑复杂多金属矿的选矿、萤石浮选的发展方向、锰矿选矿与加工技术、锡矿选矿工艺技术、钴矿选矿工艺技术、高岭土选矿工艺、我国磷矿选矿技术工艺、稀土选矿、红土镍矿还原焙烧－磁选技术、高岭土中铁杂质去除方法、云母的特性及加工现状。

三、常用选矿技术网站

中国选矿技术网 https://www.mining120.com/

中南选矿网 http://www.znxkw.com/

中国矿冶网 http://www.ky8118.com/

中国矿业网 http://www.chinamining.org.cn/

中国矿业资源网 http://www.chinaore.cn/
全球矿产资源网 http://www.worldmr.net/
中国矿权资源网 http://www.kq81.com/
中国矿权网 http://www.mine168.com/
华夏矿权网 http://www.88cc88.com/
中国矿业 114 网 http://www.ky114.cn/
选矿选煤网 http://www.xkxm.com/
中国选矿设备商城 http://www.zgxksbsc.cn/
铁矿网 http://www.tiekuangshi.com/
长江有色金属网 http://www.ccmn.cn/
中国有色金属价格网 http://ys.zh818.com/
上海有色网 https://www.smm.cn/
亚洲金属网 http://www.asianmetal.cn/
中国稀土门户网 http://www.cnree.com/

四、某大型铜矿山操作技术工艺标准

选矿车间浮选工艺标准、选矿车间精矿脱水工艺标准、选矿车间矿浆碱度测定规则、选矿车间磨矿分级工艺标准、选矿车间尾矿堆坝工艺技术标准、选矿车间井下破碎工艺标准。

五、某大型铜矿山操作技术要点与维护规程

主溜井堵塞爆破处理安全技术规程（试行）、低压配电室操作规程、电机车操作与维护规程、浮选机操作与维护规程、高压电气操作与维护规程、高压隔离开关操作与维护规程、高压配电室操作规程、过滤机操作与维护规程、行车（抓斗吊）操作与维护规程、箕斗卸矿操作与维护规程、计量斗卸矿操作与维护规程、井筒设施检查与维护规程、罗茨鼓风机操作与维护规程、螺旋分级机操作与维护规程、浓密机操作与维护规程、皮带运输机操作与维护规程、破碎机操作与维护规程、球磨机操作与维护规程、水泵操作与维护规程、铁板给矿机操作与维护规程、旋流器操作与维护规程、渣浆泵(衬胶泵)操作与维护规程、真空泵操作与维护规程、主井提升机操作与维护规程、自磨机操作与维护规程、自磨机(球磨机)电气操作规程。

六、某大型铜矿山岗位职权要求规范

–237M 放矿工岗位职权、–260M 卸矿工岗位职权、+110M 平窿放矿工岗位职权、+145M 卸矿工岗位职权、安全环保组组长岗位职权、安全环保员岗位职权、不脱产安全员

岗位职权、材料备件计划员岗位职权、石灰测定(搅拌)工岗位职权、档案管理员岗位职权、党支部书记(支会主席)岗位职权、党总支书记(分会主席)岗位职权、点检员岗位职权、电工班班(组)长岗位职权、电工岗位职权、电焊工岗位职权、电机车工岗位职权、电气工程技术人员岗位职权、粉矿清理工岗位职权、浮选工岗位职权、干事岗位职权、统计核算员岗位职权、工段长岗位职权、管道工岗位职权、轨道工岗位职权、过滤机工岗位职权、行车(抓斗吊)工岗位职权、护坝工岗位职权、会计岗位职权、机电技术组组长岗位职权、机械工程技术人员岗位职权、技术副主任岗位职权、选矿技术组组长岗位职权、工具车(农用车)驾驶员岗位职权、劳资培训员岗位职权、滤布工岗位职权、磨矿工岗位职权、浓缩机工岗位职权、女工干事岗位职权、配药工岗位职权、皮带工岗位职权、破碎机工岗位职权、钳工班班(组)长岗位职权、钳工岗位职权、曲轨放矿工岗位职权、砂泵工岗位职权、设备副段长岗位职权、设备副主任岗位职权、生产班班(组)长岗位职权、生产副段长岗位职权、生产副主任岗位职权、生产统计员岗位职权、水泵工岗位职权、酸水泵工岗位职权、调度员岗位职权、调度组组长岗位职权、铁板机工岗位职权、团支部书记岗位职权、团总支书记岗位职权、微机操作(复印)人员岗位职权、选矿工程技术人员岗位职权、值班电工岗位职权、主任岗位职权、主机工岗位职权、综合组组长岗位职权。

七、小结

本章总结了生产实训过程中必需的资源和材料，建立了完整的资源库案例，对生产实训课程的教学过程与正常开展具有重要意义，对职业本科教育的其他企业课堂、实习实训、现代学徒制双元育人课程具有启发作用。

第九章　结论与发展趋势

一、结论

（一）文献检索结论

通过对近18年来的“现代学徒制”的文献情况进行检索，以“现代学徒制”为关键词，共检索到4285篇文献，并且发现2014年后文献发表量快速上升，2014年当年达到180篇，之后上升速度很快。2015、2016和2017年文献量达到653篇、1187篇、1529篇，2018年预计发表为1893篇。时间节点正好与我国在2014年出台《关于加快发展现代职业教育的决定》文件有关，因此，学术界加大了对“现代学徒制”研究。各项数据显示，从文献的发表数量、角度、维度等趋势看，国家文件精神对“现代学徒制”的研究驱动力很大。

（二）现代学徒制的困境、原因及对策研究

通过对四所学院实地调研，总结其中的共性问题和分析个性问题。采用鱼骨图法对调研四所高校现代学徒制实施存在的问题进行总结分析。通过调查发现现代学徒制实施中存在问题的主要原因包括四类：国家层面的顶层设计不到位；校企合作流于形式，有效制度不健全；企业参与热情度不高以及“学徒”学历、身份认可度较低等。针对鱼骨图分析结果存在四方面困境的原因解析，主要原因有：国家缺乏详细顶层设计，法律法规制度不到位；校企合作形式大于内容，有效责任制度不健全；企业参与意愿不高，激励制度不健全，落实乏力；学生学徒学历和身份认可度低，职业通道狭窄。针对上述困境提出对策，包括出台法律保障制度解决法律法规不到位的问题、落地管理工作机制解决校企合作流于形式问题、寻求校企合作利益平衡解决企参与度低的问题、加强标准建设解决学生“学徒”学历身份的问题、推动建章立制厘清主体的工作职责等七个方面的对策突破。

（三）现代学徒制教学过程逻辑体系内容

探讨现代学徒制教学过程设计的特征、要素、原则、方法、条件及评价等体系，阐明当中的核心问题和关键要素。逻辑体系主要包括六个方面：

（1）现代学徒制教学的本质特征。主要是以技术技能为本位的学习目标；以工作任务为导向的学习内容；以工学交替为主导的学习方式；以“模块化”为抓手的教学组织。

（2）现代学徒制教学过程的要素。主要是学分制度与学分互认；弹性学制与累计学

时；灵活多变的组班制。

（3）现代学徒制课程开发的原则。主要是课程内容与“双标准”对接；学习岗位与生产岗位对接；教学过程与生产过程对接。

（4）现代学徒制课程开发的方法。主要是岗位素养分析，明晰人才培养目标；生产技能归纳，掌握岗位核心需求；课程内容筛选，对应专业教学标准；教学方案设计，确定教学实施方法。

（5）现代学徒制教学开发的条件。主要是构建产教融合的岗位教学课堂；组建默契配合的双元育人团队；制订科学教学管理与组织程序；“双模块”课程开发机制。

（6）现代学徒制教学过程的评价。主要是评价标准及依据；若干评价重点问题；现代学徒制教学评价方法。

（四）基于“现代学徒制”模式的生产实训课程实证研究

当前生产实训中存在的突出问题主要有生产实训的岗位配置不合理；企业主体地位不突出；校企双方的教学内容匹配度不高且零散等。结合现代学徒制的研究，选矿 14 级学生于 2016 年 7 月在江西某大型铜矿山进行为期 1 个月的生产实习，坚持实训内容与教学内容对接；学习岗位与生产岗位对接；教学过程与生产过程对接等原则。对实训过程的岗位进行开发，形成了学习型岗位，开发过程包括：①岗位素养分析；②学习内容筛选；③生产技能归纳；④教学方案设计。通过借鉴现代学徒制构建的生产实训教学过程，基本实现了教师指导学生，师傅指导徒弟的双元主体育人过程。选矿 14 级学生的实习效果比选矿 12 级有显著提高。

（五）“现代学徒制”模式生产实训课程的资源库建设

以矿物加工（选矿）专业“生产实训（二）”课程为例，建设必要的现代学徒制教学资源库。资源库内容包括如下六部分。

（1）工业现场生产实训技术内容，主要包括矿料物性研究的内容、筛分与磨矿的内容与程序、磁电选矿的内容与程序、重力分选的内容与程序、泡沫浮选的内容与程序、工业现场实用操作技术与方法、矿石测试方法分析、数据处理和实验设计。

（2）工业现场实时可查询与拓展的内容，主要是常用选矿方法及设备、贵金属选矿技术、有色金属选矿技术、黑色金属选矿技术、煤矿选矿技术、其他选矿技术专题。

（3）常用选矿技术网站。

（4）某大型铜矿山技术操作工艺标准。

（5）某大型铜矿山技术操作要点与维护规程。

（6）某大型铜矿山岗位职权要求规范。

二、研究的发展趋势

从传统学徒制发展到现代学徒制，虽然出现了很多问题，但发展趋势不可避免，我国将逐渐破解其中的客观问题和困境。发展趋势应主要涉及：

（一）破解现代学徒制项目的制度约束问题研究

立法先行，主要解决政府、企业、学校、行业协会的职责问题，建立可以单独垂直管理现代学徒制的机构部门，制订学校、企业操作性可行的育人标准，深化产教融合，工学结合，承认企业育人的合法地位，提高企业参与学徒制育人的参与度，促进教育链、人才链与产业链、创新链有机衔接，对现有很多冷门手艺、技术、绝学、绝活等应大力发展现代学徒制，继承和传承传统文化、传统技艺等。

（二）现代学徒制功能逐渐发生变化的新型问题研究

主要是围绕我国即将建设创新型国家、2025 制造业等，围绕实体经济、科技创新、现代金融、人力资源协同发展的产业体系而进一步发展现代学徒制，以适应新经济、新常态的人才需求。大力发展校企双制、工学一体的技工教育。深化全日制职业学校办学体制改革，在技术性、实践性较强的专业，全面推行现代学徒制和企业新型学徒制。推动学校招生与企业招工一体化，校企育人“双元主体”，学生学徒“双重身份”，学校、企业和学生三方权利义务关系明晰。

（三）不断提升学徒对学徒制项目的满意度研究

基于行业导向的学徒制梯级框架设计；完善学徒制政府、行业协会、企业、学校的全方位服务支撑，提升学徒、企业、学校的参与意愿；实施具有能力、条件的企业办学徒班，强化内部动机，提升学徒的自我效能感等方面的研究。

（四）打通和拓宽现代学徒制与学术教育的通道问题研究

大力解决现代学徒制的职业通道狭窄、社会认可度低的现实问题，尽快建立和完善制度化的并有政府、企业、行业协会等大力参与的中职、高职、本科、研究生教育梯级教育链的通道，解决学徒的职业前景、教育背景、行业经历等各方面的问题。

参考文献

[1] 曾元源，胡海祥．现代学徒制实施的制约因素及制度对策 [J]．职业技术教育，2017，38(7)：32-36．

[2] 关晶，石伟平．西方现代学徒制的特征及启示 [J]．职业技术教育，2011，32(31)：77-83．

[3] 岑华锋．现代职业教育体系视角下现代学徒制构建研究 [J]．职教论坛，2013(16)：30-33．

[4] 王洪斌，鲁婉玉．“现代学徒制”——我国高职人才培养的新出路 [J]．现代教育管理，2010(11)：83-85．

[5] 吴建设．高职教育推行现代学徒制亟待解决的五大难题 [J]．高等教育研究，2014，35(7)：41-45．

[6] 徐春．高职院校实施现代学徒制的现状研究——以江苏 Y 校为例 [D]．扬州：扬州大学，2016．

[7] 徐国庆．高职教育发展现代学徒制的策略：基于现代性的分析 [J]．江苏高教，2017(1)：79-84．

[8] 陈桂生．且说初任教师入职辅导中的“师徒制” [J]．湖南师范大学教育科学学报，2006(5)：38-40．

[9] 关晶，石伟平．现代学徒制为何国际上受青睐 [J]．职业技术，2014(10)：20-21．

[10] 陈爽．四方联动共筑中国特色现代学徒制 [J]．广州职业教育论坛，2014，13(1)：1-4，26．

[11] 崔岩．德国“双元制”职业教育发展趋势研究 [J]．中国职业技术教育，2014(27)：71-74．

[12] 刘娟，张炼．英国三明治教育发展历程及其政策举措分析 [J]．现代教育科学，2012(1)：35-39．

[13] 胡安娜．中西高等职业教育工学结合政策法规比较研究——以英国、德国、美国为例 [J]．郑州航空工业管理学院学报（社会科学版），2014，33(1)：117-122．

[14] 杨黎明．关于现代学徒制（三）——澳大利亚的现代学徒制 [J]．职教论坛，2013(12)：1．

[15] 邢莹莹．澳大利亚学徒制的改革 [J]．电子制作，2014(1)：167．

[16] 周敏，张俐娟．关于高职院校“校企合作、工学结合”人才培养模式的思考 [J]．职业教育研究，2014(3)：157-158．

[17] 毕丛娣．“校企合作、工学结合”应用型人才培养模式存在的问题及改进对策 [J]．

职业时空，2014，10(6)：100-101，104.
[18] 刘思锶，夏勇. 高职院校校企合作工学结合人才培养模式的研究 [J]. 现代经济信息，2014(12)：446-447.
[19] 顾月琴. 传统与现代：学徒制的发展历程与比较 [J]. 中国职业技术教育，2018(9)：62-66.
[20] 孙丽. 国外现代学徒制特色研究及启示 [J]. 辽宁高职学报，2018，20(2)：28-29，106.
[21] 郭妍妍. 现代学徒制人才培养研究 [D]. 天津：天津大学，2017.
[22] 关晶. 当代澳大利亚学徒制述评 [J]. 职教论坛，2015(4)：80-84.
[23] 李铭辉. 英德现代学徒制教育方法及启示 [J]. 中国高等教育，2014(7)：62-63.
[24] 陶然，胡迪. 德国“双元制”对我国高职院校发展的启示 [J]. 现代经济信息，2018(6)：419，421.
[25] 杨全利. 德国师傅考试制度对现代学徒制企业师傅队伍建设的启示 [J]. 中国职业技术教育，2017(12)：64-68.
[26] 陈旭，徐国庆. 现代学徒制背景下职业教育课程存在的问题与改革方向——基于DACUM 课程开发技术的启示 [J]. 当代职业教育，2017(1)：39-42.
[27] 李菲，耿保荃. 高职院校现代学徒制教学改革的途径探索研究 [J]. 襄阳职业技术学院学报，2017，16(1)：5-9.
[28] 迟立鑫，环宇，许晓峰. 现代学徒制背景下中职机电一体化专业课程改革探索 [J]. 教育现代化，2017，4(6)：22-24.
[29] 李敏. 论高职现代学徒制课程体系之建构 [J]. 湖北工业职业技术学院学报，2017，30(2)：4-6.
[30] 濮海慧，徐国庆. 我国产业形态与现代学徒制的互动关系研究——基于企业专家陈述的实证分析 [J]. 华东师范大学学报 (教育科学版)，2018，36(1)：112-118，165.
[31] 黄文伟，贺蓓蓓. 现代学徒制典型性问题的分析与破解——基于广东现代学徒制标准研制的实践视角 [J]. 职教论坛，2017(4)：24-27.
[32] 朱燕. 现代学徒制下高职建工专业顶岗实习教学实践研究 [J]. 太原城市职业技术学院学报，2017(4)：39-40.
[33] 濮德锁，林红明. 现代学徒制下校企课程对接的实践研究 [J]. 职业教育研究，2017(2)：50-54.
[34] 张玲，刘家瑞，杨翠友. 现代学徒制培养模式下智慧课堂的构建与案例分析 [J]. 职业技术教育，2017，38(5)：41-45.
[35] 吴学峰，徐国庆. 现代学徒制：对象、意义与实施策略 [J]. 现代教育管理，2016(11)：76-81.
[36] 王振洪，成军. 现代学徒制：高技能人才培养新范式 [J]. 中国高教研究，2012(8)：93-96.
[37] 杨红荃，苏维. 基于现代学徒制的当代“工匠精神”培育研究 [J]. 职教论坛，

2016(16)：27-32.

[38] 陈永利．论高等职业本科教育是创新发展之本 [J]．才智，2017(4)：157.

[39] 伍先福，陈攀．职业本科教育的内涵及其办学主体 [J]．四川教育学院学报，2011，27(9)：16-19.

[40] 王毓．职业本科：人才培养定位与实现路径选择 [J]．职业技术教育，2013，34(16)：26-29.

[41] 徐国庆．我国职业教育现代学徒制构建中的关键问题 [J]．华东师范大学学报 (教育科学版)，2017，35(1)：30-38，117.

[42] 吕玉曼．论现代学徒制的实施背景、现代性及实施条件 [J]．职业教育研究，2017(2)：5-9.

[43] 刘家枢，王向东．现代学徒制度变革本质特点与建立路径研究 [J]．职教论坛，2016(10)：5-12.

[44] 欧阳丽，罗金彪．现代学徒制管理制度体系的设计与思考 [J]．职教论坛，2017(4)：28-34.

[45] 李梦玲．中西现代学徒制比较研究——基于政府职责视角 [J]．职业技术教育，2015，36(7)：29-34.

[46] 解瑞卿，武婷婷．现代学徒制法治化建设的理论分析与实践探索 [J]．教育与职业，2017(6)：29-35.

[47] 王利平．高职实践教学的多重关系研究——基于现代学徒制和素质本位的双重视角 [J]．职教论坛，2016(24)：78-81.

[48] 吕玉曼，徐国庆．现代学徒制中影响师傅带徒积极性的制约因素探析 [J]．职教论坛，2017(4)：35-38.

[49] 欧阳忠明，韩晶晶．成本—收益视角下企业参与现代学徒制研究 [J]．现代教育管理，2016(6)：85-93.

[50] 刘献君．我国高等教育发展的主导思想及面临的主要矛盾 [J]．高等教育研究，2017，38(1)：1-7.

[51] 刘亮亮．英国现代学徒制对我国职业教育发展的启示 [J]．教育探索，2016(5)：153-157.

[52] 王明哲．西方现代学徒制经验在中国本土化应用研究 [J]．职业教育研究，2016(4)：5-9.

[53] 黄蘋．德国现代学徒制的制度分析及启示 [J]．湖南师范大学教育科学学报，2016，15(3)：121-125.

[54] 贾文胜，潘建峰，梁宁森．高职院校现代学徒制构建的制度瓶颈及实践探索 [J]．华东师范大学学报 (教育科学版)，2017，35(1)：47-53，119.

[55] 张启富．高职院校试行现代学徒制：困境与实践策略 [J]．教育发展研究，2015，36(3)：45-51.

[56] 李忠，亓婷婷．德国企业作为职业教育主体的法律保障及其启示——基于德国《联

邦职业教育法》的文本分析 [J]. 职教论坛，2017(4)：86-91.
[57] 高志研. 扎实推进试点工作，建立和完善中国特色现代学徒制 [J]. 中国职业技术教育，2016(31)：6-11.
[58] 胡文鹏，鲁丽彬，刘静. 利益的博弈与补偿：行业协会参与现代学徒制改革的动力研究 [J]. 北京财贸职业学院学报，2015，31(6)：35-39.
[59] 贾文胜，梁宁森. 瑞士现代学徒制“三元”协作运行机制的经验及启示 [J]. 职教论坛，2015(25)：38-43.
[60] 孟迪云，赵芳. 我国高职旅游管理专业现代学徒制人才培养模式 [J]. 教育与职业，2015(2)：117-118.
[61] 高永梅. 基于现代学徒制的多元化评价机制研究 [J]. 职教通讯，2016(26)：10-13，22.
[62] 李政. 职业教育现代学徒制的价值审视——基于技术技能人才知识结构变迁的分析 [J]. 华东师范大学学报 (教育科学版)，2017，35(1)：54-62，120.
[63] 成洁. 试论现代学徒制试点要素及学校实践模型的构建 [J]. 职教论坛，2015(21)：72-76.
[64] 王启龙，石伟平. 德、奥、澳三国现代学徒制补贴政策：经验与启示 [J]. 职业技术教育，2017，38(1)：66-73.
[65] 胡新建. 高职院校试行现代学徒制的实践与探索——以宁波城市职业技术学院为例 [J]. 中国高教研究，2016(7)：102-105.
[66] 段致平，王升，池卫东. 市场视域下职业教育校企合作的政策研究 [J]. 中国职业技术教育，2015(6)：65-69.
[67] 杨红荃，苏维. 基于管办评分离的中国现代学徒制社会评价机制建构 [J]. 教育与职业，2017(4)：11-17.
[68] 张启富. 高职院校试行现代学徒制：困境与实践策略 [J]. 教育发展研究，2015，35(3)：45-51.
[69] 贾文胜，潘建峰，梁宁森. 高职院校现代学徒制构建的制度瓶颈及实践探索 [J]. 华东师范大学学报 (教育科学版)，2017，35(1)：47-53，119.
[70] 王扬南. 把握质量核心，突出双元主体，扎实推进现代学徒制试点工作 [J]. 中国职业技术教育，2017(1)：31-35.
[71] 杜启平，熊霞. 高等职业教育实施现代学徒制的瓶颈与对策 [J]. 高教探索，2015(3)：74-77.
[72] 高葵芬. 高职院校实施现代学徒制存在的问题与解决对策——基于首届职业院校现代学徒制教学交流研讨会的思考 [J]. 河南科技学院学报，2014(6)：5-9.
[73] 李传伟，王燕妮，姜义. 现代学徒制试点项目教学诊断与改进的研究 [J]. 上海教育评估研究，2017，6(1)：36-41.
[74] 吴海东. 职业技术教育中现代学徒制项目课程的开发 [J]. 实验技术与管理，2016，33(7)：175-177.

[75] 朱仁盛. 江苏五年制高职机电一体化技术专业“工学六融合”人才培养模式的创新 [J]. 教育与职业，2017(7)：103-107.

[76] 贺道中，陈艺锋. “分层递进”卓越工程人才培养的实践教学体制环境研究 [J]. 江西理工大学学报，2016，37(2)：78-82.

[77] 方庆山，卢育发. 现代学徒制“双元定岗”育人模式研究与实践 [J]. 湖北函授大学学报，2017，30(2)：1-2.

[78] 吴学峰，徐国庆. 职业教育现代学徒制发展的路径选择——一个制度分析的视角 [J]. 江苏高教，2017，33(4)：94-98.

附录1：学生问卷调查（用于发放问卷）

同学：

您好！

我们正在进行有关“现代学徒制实施过程”的调查，请您结合自己的真实体会，完成问卷中的内容，选择相应的答案或填空。本次调查资料仅作为研究之用，不会对外公开，请放心。采取无记名形式，联系电话：15180288211，邮箱 385252131@qq.com。

谢谢您的支持和配合！

教育部人文社科研究课题组

2016 年 9 月

第一部分：基本信息

专业	年级（如 2015 级）	性别	已经参加的实习时长（月）

第二部分：调查内容

凡符合你的情况和想法的项目，请在选项上打钩，或在横线中填写，请不要遗漏。非常感谢。

1. 你是因为该校实行现代学徒制才选择到该校就读的吗？

A. 是　　B. 不是

2. 你对将来的就业岗位熟悉吗？

A. 很熟悉　　B. 比较熟悉　　C. 不熟悉

3. 你有没有与企业签订合同？

A. 有　　B. 不知道　　C. 没有

4. 你对企业安排的工作岗位适应吗？

A. 很适应　　B. 比较适应　　C. 不适应

5. 在企业工作时，你有没有获得劳动报酬？

A. 有一定报酬　　B. 没有报酬　　C. 不确定

6. 在企业学徒时，师傅是怎样指导的？

A. 自己进行操作为主，师傅在旁边教导　　B. 师傅示范操作为主，自己旁观学习

C. 师傅很少指导

7. 企业师傅教学指导中存在的最大问题是什么？

A. 知识欠缺　　B. 技能不够精湛　　C. 有技术保留，不愿全部教给学生

D. 教学方法不当，无法领会

8. 企业是否会向你们调查师傅的教学指导情况？

A. 从不　　B. 偶尔　　C. 经常

9. 在企业学徒期间，学校老师是怎样指导的？

A. 实习老师定期跟踪指导　　B. 班主任定期到访　　C. 本人定期回校汇报

D. 实习小组长返校汇报

10. 在学校老师和企业师傅中，你与谁的关系更亲密？

A. 学校老师　　B. 企业师傅　　C. 差不多

11. 现代学徒制的优势在哪里（可多选）？

A. 企业提供实习机会　　B. 提高沟通能力　　C. 学校提供更多帮助

D. 毕业后有稳定工作　　E. 其他（请注明）

12. 企业实习和学校学习交替进行，对你来说最大的影响是什么？

A. 角色转变过快，比较难适应　　B. 两个方面没有太大联系，没有影响

C. 理论与实践更好地结合起来　　D. 其他（请注明）

13. 在学校规定的证书中，你最希望获得哪个证书？（请选 2 个）

A. 职业资格证书　　B. 英语证书　　C. 计算机证书　　D. 无

14. 对你来说，从学生向学徒身份转变的最大困难是什么？

A. 专业技能不强，不能直接上岗　　B. 工作氛围与学习氛围差距太大

C. 人际关系处理不好，缺乏化会经验　　D. 其他（请说明）

15. 你对现代学徒制中学校的作用有什么期待？（可多选）

A. 掌握必要的理论知识　　B. 获得学历证书　　C. 进入企业实习，为就业做准备

D. 进入本科或更高学历的跳板　　E. 其他（请说明）

16. 你对现代学徒制中企业有什么期待？（可多选）

A. 优先就业权　　B. 技能提高　　C. 解决实习，顺利拿到毕业证

D. 人际交往技巧　　E. 职业资格证书　　F. 其他（请说明）

17. 从学校毕业后你有什么打算？

A. 继续深造学习　　B. 在学校合作的企业工作　　C. 到其他企业工作

D. 自己创业　　E. 其他（请注明）

18. 你毕业后如果进入该企业，对你最大影响是什么？

A. 学习时间记入企业员工工龄　　B. 实习企业规模比较大，名誉好

C. 企业相应的福利补助　　D. 在企业的实习使得自己更了解企业业务，有熟悉感

E. 其他（请说明）

19. 你认为学校教师和企业师傅讲课方式比较，哪个更受大家喜欢？

A. 学校教师　　B. 企业教师　　C. 都喜欢　　D. 都不喜欢

20. 你认为在实习期间，企业更应该加强哪些方面的工作？（可多选）

A. 提供更好的工作环境　　B. 适当提高工资待遇和福利待遇

C. 师傅能给予更多的指导和关照　　D. 提供更多有针对性的工作岗位

E. 为学生提供安全和法律保障　　F. 其他（请说明）

21. 你认为学校和企业的同时招生（招工）做法是否合理？

A. 合理　　B. 不合理　　C. 不清楚

22. 你认为校企双重考核，对你的最大影响是什么？

A. 学习到的知识和技能更丰富　　B. 来自于两方的双重压力；

C. 考核过于频繁，比较难适应　　D. 毕业要求更高　　E. 其他（请说明）

23. 你认为技能知识的提高更多来自于？

A. 学校　　B. 企业　　C. 自学　　D. 其他（请注明）

24. 在企业实习期间，所取得的成绩达到什么程度，请选择最符合您个人情况的选项。

	非常符合	比较符合	基本符合	较不符合	完全不符合
专业知识已较好地掌握					
合作沟通能力得到提高					
理论充分应用到实践中					
为未来的就业充满希望					
组织管理能力得到提高					

25. 在学校学习和企业实习期间，遇到哪些困难，需要学校、企业哪些方面的完善？（开放式问题）

附录 2：现代学徒制现状调查提纲（管理人员和教师）

一、基本情况

1. 学生人数及结构

（1）2015 级入学的，参加现代学徒制的学生人数，分布情况；（2）2016 级入学的，参加现代学徒制的学生人数，分布情况。

2. 教师人数及构成

2015 级、2016 级现代学徒制班级教师情况。

二、教师专业发展

1. 教师参加什么进修培训吗？如何进行的？

2. 教师与企业师傅（双师）如何互相促进，共同发展？

三、教师授课情况

1. 学校除了教授理论知识，还有其他实践操作吗？

2. 学生取得职业资格证书过程中，学校提供什么帮助？

3. 现代学徒制实行企业化管理，教师在其中扮演什么角色？

四、校企合作情况

1. 学生在企业实习是师傅一对几指导还是一个师傅指导整个班级？有什么具体方案吗？

2. 学生在企业实习情况是由企业直接考核吗？学校在学生实习期间如何掌握学生实习质量？

3. 什么专业实行现代学徒制？为什么选择这些专业？是有稳定的校企合作基础，还是这些专业是学校比较优势的专业，为了提高招生人数？

4. 请介绍一下合作办班的情况，是整个专业的学生都参与还是部分班级参与？

五、其他

1. 学生实习时间记入企业员工工龄，学生毕业后是企业来选人，学生决定是否去？还是相反情况？

2. 学徒工资是在哪个学期开始领取的吗？学徒工资与同等职工工资差距多少？

3. 您认为，现代学徒制与传统学徒制比较，有什么优势？有什么劣势？

4. 您认为教师如何在现代学徒制中最大化地发挥作用？

5. 学校的师资队伍是如何保障的？校企合作人才培养又是如何开展的？

6. 贵校有没有与行业、企业的对接机制？是如何进行对接的？

附录3：关于现代学徒制的实践调查提纲（学生访谈提纲）

一、基本信息

专业	年级（如2015级）	性别	已经参加的实习时长（月）

二、实习情况

1. 暑假实习与第四学期开始到企业全程实习有什么区别？
2. 在企业实习与在学校学习有什么联系吗？
3. 你认为从学生到学徒身份的转变有什么困难？对公司制度适应吗？
4. 实习期间企业师傅和学校老师对你有什么帮助？
5. 实习期间的考核是什么样的？对你来说有困难吗？
6. 你认为参与现代学徒制班级与同专业未参与现代学徒制班级有什么区别？

三、教师授课

1. 教师除了教授理论知识，还会有实操环节吗？
2. 学校有实验室、实训基地吗？有没有得到充分应用？
3. 企业师傅和学校教师讲课内容、方法有什么区别？
4. 学校毕业要求获得的证书，对你来说有困难吗？
5. 班级实行企业化管理，是什么样的结构呢？
6. 企业师傅达到什么级别才可以给学生上课？如何做到“传、帮、带”？

四、开放问题

1. 你毕业后是否打算继续在这家公司工作吗？
2. 你对学徒制的看法和改进意见？

附录4：现代学徒制实践调查提纲（企业访谈提纲）

1. 每年接纳的实习情况如何（人数、批次）？

2. 您认为企业在学徒制培养过程中的地位是怎样的？

3. 您认为大多数企业为什么不愿意参与学徒制培养过程？企业的压力体现在哪些方面，为什么？

4. 您希望学徒制培养中政府需要做些什么？

5. 你们的企业师傅是如何选择的？有标准吗？您认为应设置哪些标准呢？

致　谢

本著作受到教育部人文社会科学研究青年基金课题“职业本科教学新途径：基于现代学徒制的教学过程设计与实证研究”（编号：15YJC880120）、江西省教育科学“十二五”规划重点课题“现代学徒制的教学过程设计与示范研究——以一门模块化课程为例”(编号:15ZD019）和江西省教育科学“十二五”规划课题“新媒体环境中大学生课内—课外互动反馈的在线微型学习研究”（项目编号：14YB045）的资助。本课题自立项以来，课题组积极研究，历时近四年，发表中文核心论文5篇，国际检索会议论文1篇，一般论文2篇；调研研究报告1份（研究报告的第2章）、实证研究1次（研究报告的第5章），建立与实证研究匹配的教学资源库1个（研究报告的第6章）。

课题组在课题设计、调研问卷设计、调研过程、统计数据、撰写论文和研究报告等各方面付出了巨大努力，在此对课题组所有成员的积极参与和帮助表示感谢，尤其是对课题组胡老师提供的各种建议和意见表示感谢。特别感谢四所学院调研过程中的主要部门负责人和教师，尤其是对参与调研过程提供联络和具体问卷发放、组织、收集等帮助的袁老师、金老师、丁老师、胡老师等表示感谢，对参与问卷调查的学生表示感谢。特别感谢江西铜业股份有限公司某大型铜矿山生产技术科、选矿厂的领导；对全程参与现代学徒制生产实训过程的阮高工、舒工、柯工、吴高工、张工等表示感谢，对参与其中的班组、工作人员和现场人员表示感谢。